Werner Rügemer

BLACKROCK GERMANY

Die heimliche Weltmacht, ihre Praktiken in Deutschland und Friedrich Merz

BLACK-ROCK GERMANY

Die heimliche Weltmacht, ihre Praktiken in Deutschland und Friedrich Merz

Werner Rügemer

HINTERGRUND
DAS NACHRICHTENMAGAZIN
WISSEN KOMPAKT

In der Reihe WISSEN KOMPAKT bereits erschienen:

Matthias Rude: Die Grünen
Von der Protestpartei zum Kriegsakteur
Berlin, 2023, ISBN 978-3-910568-00-6

Georg Auernheimer: Der Ukrainekonflikt
Wie Russlands Nachbarland zum Kriegsschauplatz wurde
Berlin, 2023, ISBN 978-3-910568-02-0

Wolf Wetzel: Der Anti-Antifaschismus.
Antifa, angebliche Nazis, rechtsoffener Staat und geheimdienstliche Neonazi-Verbrechen
Berlin, 2023, ISBN 978-3-910568-05-1

Michael Meyen: Cancel Culture
Wie Propaganda und Zensur Demokratie und Gesellschaft zerstören
Berlin, 2024, ISBN 978-3-910568-07-5

Stefan Kreutzberger: Nachhaltigkeitsschwindel
Wie sich mit »Klimaschutz« viel Geld verdienen lässt
Berlin, 2024, ISBN 978-3-910568-09-9

Patrik Baab: Propaganda-Presse
Wie uns Medien und Lohnschreiber in Kriege treiben
Berlin, 2024, ISBN 978-3-910568-11-2

Michael Meyen: Der dressierte Nachwuchs:
Was ist mit der Jugend los?
Berlin, 2024, ISBN 978-3-910568-13-6

Karin Leukefeld: Krieg in Nahost
Geopolitik, Verwüstung, Widerstand und Aufbruch einer Region
Berlin, 2025, ISBN 978-3-910568-15-0

Almuth Bruder-Bezzel und Klaus-Jürgen: Macht und Herrschaft
Wie mit politischer Psychologie und Propaganda unser Verhalten manipuliert wird
Berlin, 2025, ISBN 978-3-910568-19-8

ISBN 978-3-910568-17-4

3. Auflage, 2026
www.hintergrund.de

Lektorat: Susanne George
Konzept und Satz: Buchgut, Berlin
Druck und Bindung: Friedrich Pustet GmbH & Co. KG, Regensburg

MIX
Papier
FSC FSC® C014889

Inhalt

Die Großaktionäre und Eigentümer der wichtigsten Unternehmen und Großbanken in den USA, in der Europäischen Union und also auch in Deutschland: Sie können sich der Steuerzahlung entziehen, wenn sie bei der Investmentgesellschaft BlackRock ihr Geld anlegen.

BlackRock steht hier beispielhaft für die mehreren Dutzend der heute führenden Finanzakteure, die ähnlich agieren und zumeist ihre Zentrale ebenso in den USA haben, aber kleiner sind, so als Nächste Vanguard, State Street, Capital Group, Wellington, Fidelity, T Rowe Price, Dimensional Fund sowie vereinzelt der Staatsfonds Norges (Norwegen), Temasek (Singapur) und Amundi (Frankreich).[1]

Die Möglichkeit der Steuerbefreiung wird von BlackRock auf die Spitze getrieben: Für seine superreichen Kapitalgeber stellt der weltweit tätige Vermögensverwalter Briefkastenfirmen zur Verfügung, in den größten Finanzoasen des US-geführten Kapitalismus, zu denen unter anderem der kleine US-Bundesstaat Delaware, die Cayman Islands in der Karibik und das der EU angehörende Großherzogtum Luxemburg zählen.

Dank dieser Briefkastenfirmen ist es möglich, die BlackRock-Kunden zu anonymisieren. Für den jeweiligen Staat, in dem sie ihren Sitz haben, werden sie unsichtbar. Also für die Öffentlichkeit, die Politik, die Finanzaufsicht und nicht zuletzt die zuständigen Finanzämter. Dadurch gewinnen diese Kunden und natürlich auch BlackRock & Co. an Macht. Das hat gravierende Folgen für das Gemeinwesen, unter anderem aufgrund fehlender Steuereinnahmen:

1 Vgl. Werner Rügemer, *Die Kapitalisten des 21. Jahrhunderts*, 4. aktualisierte Aufl., Köln 2024

- der Rechtsstaat und die Demokratie werden untergraben, zerstört,
- die Volkswirtschaft, die abhängig Beschäftigten, die Rentner werden verarmt,
- Schulen, Kindergärten und öffentlicher Verkehr verfallen,
- die Meinungs-, Informations-, Wissenschafts- und Versammlungsfreiheiten werden beschnitten.

Und diese kleine asoziale Minderheit, die keine Zustimmung in der Bevölkerungsmehrheit hat, lässt Kriege und Stellvertreterkriege gegen inszenierte und verhetzte Feinde führen, um von sich selbst abzulenken.

Deutschland ist der erste und (bislang) einzige Staat, in dem mit Friedrich Merz ein langjähriger, hochbezahlter BlackRock-Funktionär Vorsitzender einer »staatstragenden« politischen Partei und auch CDU-Kandidat für das Amt des Regierungschefs wurde. Deshalb gilt ihm in diesem Buch ein besonderes Augenmerk.

Schließlich stellt sich die Frage: Wie sieht der Widerstand gegen diese gefährliche Entwicklung aus? Initiativen und Vorschläge gibt es zahlreiche, teilweise schon lange, in Deutschland, in der EU und weltweit.

Mit diesem QR-Code gelangen Sie zu einer Website,
auf der alle BlackRock-Briefkastenfirmen in den 100 größten
Aktiengesellschaften Deutschlands gelistet sind.

TEIL I

BlackRock und die Superreichen

BlackRock ist der größte Aktionär im US-geführten westlichen Kapitalismus, in den USA und auch in Großbritannien, Frankreich, der Schweiz und anderen Ländern. Was Deutschland betrifft: Niemand sonst hat so viele Aktien an den 40 Unternehmen des Deutschen Aktienindex (DAX), der »First Class« der Aktiengesellschaften (AGs). Das gilt ebenso für die 50 Unternehmen des MDAX und die 70 Unternehmen des SDAX. Zu diesen zählen unter anderem Adidas, Siemens, RWE, Bayer, BASF, die Wohnungskonzerne Vonovia und Deutsche Wohnen, Allianz, das Softwareunternehmen SAP, die Deutsche Bank und die Commerzbank.

»Deutschland ist für uns außerhalb der USA einer der interessantesten Standorte, sowohl auf der Kundenseite als auch der Investitionsseite«, erklärte 2024 der Vorstandschef der BlackRock Deutschland AG, Dirk Schmitz – er war auch der Chef des CDU-Politikers Friedrich Merz, als dieser von 2016 bis 2020 gut bezahlter Vorsitzender des Aufsichtsrats der BlackRock Deutschland AG war. Und Schmitz bestätigt: »Merz hat sich rasch in unser Geschäftsmodell eingearbeitet.«[2]

Einsatz von Briefkastenfirmen, auch in Deutschland

Die insgesamt über 10 Billionen US-Dollar, die BlackRock weltweit verwaltet, stammen von den 0,001 Prozent der Superreichen weltweit. Mit diesen 10 Billionen hat sich BlackRock in die 18.000 wichtigsten Aktiengesellschaften und Banken als Aktionär eingekauft, agiert als Vermögensverwalter seiner Kapitalgeber und überweist ihnen,

2 »Merz hat sich rasch in unser Geschäftsmodell eingearbeitet«, Interview mit Dirk Schmitz, Deutschland-Chef von BlackRock, in: *Süddeutsche Zeitung*, 11. November 2024

unter Abzug einer Gebühr für sich selbst, den größten Teil der Dividenden.

Aber die Namen seiner superreichen Kapitalgeber gibt BlackRock nicht bekannt. Im Gegenteil: Die Kapitalgeber versteckt BlackRock in Briefkastenfirmen, die sich in diversen Finanzoasen auf der ganzen Welt befinden. Diese Briefkastenfirmen haben dann Namen wie zum Beispiel BlackRock *Holdco 4*. Welche Person, welcher Steuerpflichtige steckt dahinter? Der Gesetzgeber, die Öffentlichkeit, die Medien, die Parlamente und eben auch die zuständigen Finanzämter – alle wissen es nicht.

Was ist eine »Finanzoase«?

Eine Finanzoase wird üblicherweise als Steueroase bezeichnet, doch dieser Begriff ist eine Verharmlosung. Denn es handelt sich um einen abgeschirmten Ort, der noch viel mehr Dienstleistungen bietet als nur die Möglichkeit der Steuerflucht beziehungsweise Steuerhinterziehung.

Multimillionäre und Multimilliardäre haben viel zu verstecken, und das meist gleichzeitig in mehreren Staaten. Sie wollen sich nicht nur vor dem Finanzamt in ihrem »Heimat«staat verstecken. Sie haben ja auch noch Einkommen und Vermögen – aus Unternehmen, Aktien, Beteiligungen, Grundstücken, Vermietungen – in anderen Staaten als dem, in dem sie groß und reich geworden sind und wo sie eine Villa stehen haben (vielleicht am Tegernsee neben der Villa von Friedrich Merz, über die dieser langjährige BlackRock-Lobbyist öffentlich nicht spricht). Diese Superreichen haben mitunter auch noch einen Sitz zum Beispiel am Lago Maggiore in Italien oder/und in Miami/Florida. Deutsche Superreiche haben Aktien an Unternehmen und Banken in Deutschland, aber auch in den USA und überall, wo ihre hochbezahlten Finanzberater von BlackRock eine neue Gewinnmöglichkeit entdeckt haben.

12 *Erfinder der Finanzoase: Die neutrale Alpenidylle Schweiz*

Die kleine Schweiz mit hohen Bergen und schönen Seen ist der Ursprung: Hier wurde der Betrieb einer Finanzoase als Geschäftsmodell entwickelt.

Zuerst wurde die Schweiz zum Fluchtort für die Vermögen des französischen Feudaladels, der zu Recht Angst vor der Französischen Revolution hatte. Im Zweiten Weltkrieg halfen dann Wall-Street-Banker aus den USA, in der Schweiz Nazi-Raubgold in weltmarktfähige Devisen zu waschen. Nach dem Krieg war die Finanzoase zum Beispiel wichtig für die heimliche, gesetzwidrige Finanzierung der christlich und konservativ oder liberal lackierten Parteien wie CDU und FDP. Darin verstrickt war Konrad Adenauer ebenso wie Helmut Kohl in späteren Jahren.[3]

Die Schweiz als Ursprungs-Finanzoase

- erfand und verrechtlichte Versteck-Instrumente wie das anonyme Nummernkonto und das staatlich geschützte Bankgeheimnis,
- professionalisierte und verrechtlichte den Beruf des Treuhänders fremder Vermögen,
- stellte die von den Treuhändern verwalteten Briefkastenfirmen unter gesetzlichen Schutz und anerkannte sie als Unternehmensform,
- verhalf nicht nur »einfachen« Superreichen jeglicher Couleur zur Steuerhinterziehung, sondern auch der Mafia sowie faschistischen und afrikanischen Diktatoren zum Verstecken und Anlegen von Kapital,
- half Superreichen auch bei der illegalen Finanzierung ihrer favorisierten Partei, zum Beispiel in der Bundesrepublik Deutschland,
- half Bankern bei internationalen, kriegsfördernden Umgehungsgeschäften.

3 Werner Rügemer, *Grüezi! Bei welchen Verbrechen dürfen wir behilflich sein? Die Schweiz als logistisches Zentrum der internationalen Wirtschaftskriminalität*, Heilbronn 1998 (derzeit nicht verfügbar, Exemplare sind für 5 Euro beim Autor erhältlich)

Und daran hat sich bis heute nichs geändert.

Nicht nur Steuerflucht: Die Dienste einer Finanzoase
Über die Briefkastenfirmen werden viele Dienste angeboten, übrigens auch für Kunden wie Diktatoren, Drogen- und Waffenhändler, kriminelle Geldwäscher und ebenso für Leute, die an Politiker, Parteien, Journalisten und Manager Schmiergeld zahlen. Das erfährt man zum Beispiel in einer Dokumentation über Briefkastenfirmen der Wissenschaftlichen Dienste des Deutschen Bundestages aus dem Jahr 2016.[4] Aber weiß das auch die Öffentlichkeit?

Eine Finanzoase bietet viele Vorteile, die indirekt mit Steuerhinterziehung zusammenhängen (können):

- Eine kapitalfreundliche Justiz schützt Bankgeheimnis und Briefkastenfirmen ausländischer Akteure, auch für den Fall, dass ausländische Gerichte die Herausgabe von Informationen oder die Auslieferung von Mittätern fordern.
- Die Publizitätspflichten der hier angemeldeten Unternehmen und Briefkastenfirmen sind auf ein Minimum herabgesetzt. So werden die in Briefkastenfirmen versteckten Vermögen und ihre Eigentümer nicht nur vor ihrem Finanzamt bzw. ihren Finanzämtern in mehreren Staaten geschützt, sondern auch vor der jeweiligen nationalen Finanzaufsicht, vor der Öffentlichkeit und den Medien, vor Geschäfts»partnern« und Konkurrenten und bei Bedarf ebenso vor Erben.
- Auch private Stiftungen erhalten mehr finanzielle Freiheiten als anderenorts. Deshalb haben so dubiose superreiche Organisationen wie die FIFA in der Schweiz ihren Sitz, ebenso die Stiftung des Weltwirtschaftsforums (Davos), in dessen Leitungsgremium BlackRock-Chef Laurence Fink sitzt.

4 Deutscher Bundestag, Wissenschaftliche Dienste: Mögliche legale Gründe für Briefkastenfirmen, WD 5-3000-037/16

Es ist legal, dass ein Staat oder Ort sich zu einer Finanzoase erklärt und das Gründen und Betreiben von Briefkastenfirmen als Geschäftszweig zulässt und sogar unterstützt.

Und es ist auch legal, dass für gewisse unternehmerische Aktivitäten keine Steuer bezahlt werden muss. Das ist das Geschäftsmodell von Briefkastenfirmen: Eine Person überschreibt ihr Eigentum, sei es ein Haus, ein Unternehmen, ein Aktienpaket, eine Geldsumme oder Ähnliches, einer Briefkastenfirma in einer Finanzoase – und wenn diese Person an diesem Ort selbst keine eigene wirtschaftliche Aktivität entfaltet, dann ist sie von jeglicher Steuerzahlung befreit.

Das hat auch erst mal eine zulässige Logik, denn der Eigentümer der Briefkastenfirma, der weder seinen Geschäfts- noch Wohnsitz in der Finanzoase hat – er belastet ja die dortige Infrastruktur nicht, braucht also auch nichts zum staatlichen Budget der Cayman Islands oder des Großherzogtums Luxemburg beizutragen.

Lediglich der professionelle Treuhänder, der die Briefkastenfirma verwaltet, übt eine Art wirtschaftlicher Tätigkeit aus: Er wird vom Eigentümer dieser Briefkastenfirma bezahlt, je nach Kompliziertheit des Falles mit etwa 30.000 oder 50.000 oder auch mal 100.000 Euro oder Franken oder US-Dollar pro Jahr. Dieses Einkommen muss er in seinem Finanzoasen-Heimatstaat versteuern.

Was ist bei einer Finanzoase illegal?

Natürlich *muss* der Eigentümer einer Briefkastenfirma keine Steuerflucht begehen. Natürlich fordert BlackRock seine Kunden, denen es Briefkastenfirmen zur Verfügung stellt und die Gewinne an diese überweist, in keinster Weise auf, Steuerflucht zu begehen. Aber dann stellen sich folgende Fragen:

- Wieso hat BlackRock selbst seinen rechtlichen Sitz in einer Finanzoase? Wo doch der operative Sitz in New York im Hochhaus mit dem BlackRock-Emblem völlig ausreichen würde?
- Wieso betreibt – worauf wir noch kommen werden – BlackRock selbst Dutzende von Briefkastenfirmen in einem Dutzend Finanzoasen? Das kostet doch Arbeit und Geld und reduziert den eigenen Gewinn! Schließlich wettert BlackRock wie so viele andere, beispielsweise auch sein deutscher Lobbyist Friedrich Merz, ansonsten immer gegen »zu viel Bürokratie«.
- Und warum betreiben die BlackRock-Kunden ebenfalls so viel bürokratischen Aufwand mit Honoraren für teure Wirtschaftsanwälte, die die langen Verträge mit den Briefkasten-Treuhändern aufsetzen?
- Und warum bezahlen die BlackRock-Kunden dann auch noch die Briefkasten-Treuhänder, wo sie doch sonst als Aktionäre großer Unternehmen gewinngierig beim Arbeitseinkommen der abhängig Beschäftigten auf jeden Cent achten?

Die größte Finanzoase:
Der US-amerikanische Bundesstaat Delaware

Nicht zuletzt durch BlackRock & Co. wurde die in Delaware gelegene Kleinstadt Wilmington im Laufe der letzten Jahrzehnte zur größten Finanzoase des US-geführten Kapitalismus. Es begann mit den von der US-Demokraten-Partei unter Präsident William Clinton organisierten Deregulierungen in den 1990er Jahren, dann fortgesetzt mit den Folgeregierungen insbesondere unter Barack Obama und Joe Biden/Kamala Harris. So stiegen BlackRock & Co. auf – und mit ihnen auch die Finanzoase Delaware.

BlackRock in Delaware

Das zentrale Unternehmen des weltweit und auch in sich vielverzweigten BlackRock-Konzerns heißt BlackRock Inc. »Inc.« bedeutet Incorporated, die in den USA übliche Bezeichnung für große Kapital- bzw. Aktiengesellschaften. Der rechtliche Unternehmenssitz von BlackRock Inc. ist in

 Wilmington, einer Kleinstadt mit 70.000 Einwohnern im winzigen US-Bundesstaat Delaware: Dieser hat weniger als eine Million Einwohner, beherbergt aber eine riesige Zahl an Briefkastenfirmen. Deren Verwaltung durch gut bezahlte Treuhänder und Anwälte ist der wichtigste »Wirtschafts«zweig dieses US-Bundesstaates.

BlackRock hat in Wilmington nicht nur seinen rechtlichen Sitz, sondern betreibt dort auch zahlreiche Briefkastenfirmen – darauf kommen wir noch im Einzelnen. Nehmen wir einen dieser Briefkästen als Beispiel: Trident Merger LLC.

Die BlackRock-Tochterfirma Trident Merger, die man in fast allen DAX-Unternehmen in Deutschland wiederfindet, wird von einer in Wilmington ansässigen Briefkastenfirma verwaltet, die heißt The Corporation Trust Company. Die Adresse ist im Corporation Trust Center, einem hübschen Bürogebäude: c/o The Corporation Trust Company, Coporation Trust Center, 1209 Orange Street, Wilmington 19801, USA.[5]

In diesem »Trust Center« (Trust = Vertrauen!) haben zahlreiche solcher Briefkastenfirma-Verwaltungsfirmen ihr Büro. Auf ihren Computern speichern sie, gegen eine Gebühr, solche Briefkästen wie Trident Merger LLC und verwalten die Namen und Konten jeweils eines Teils der mehreren Hunderttausend superreichen BlackRock-Kunden. Von hier leitet Trident Merger die über BlackRock Inc. überwiesenen Dividenden weiter an die BlackRock-Kunden bzw. die nächsten Briefkastenfirmen, die den BlackRock-Kunden selbst gehören oder an denen sie wie andere Steuerflüchter beteiligt sind.

5 *northdata.de/Trident+Merger+LLC* [abgerufen 7. Dezember 2024]

Joe Biden: Langjähriger Lobbyist für die Finanzoase Delaware

Mitgeholfen bei der Expansion der Finanzoase Delaware auch in die EU hat ein gewisser Joseph Biden, kumpelhaft bekannt unter seinem Kose-Vornamen Joe. Dieser Joe war Barack Obamas Vizepräsident und dann von 2020 bis Januar 2025 US-Präsident.

Schon vor seinen Präsidentschaften hatte er sich verdient gemacht, in jungen Jahren, als Abgeordneter von Delaware im US-Kongress. Joe stieg ab den 1970er Jahren auf, gefolgt von seiner Finanzoase und BlackRock.

Joes krimineller Sohn Hunter Biden, der seinen Präsidenten-Vater im Präsidentenflugzeug *Air Force One* bei Auslandsreisen begleiten durfte, zum Beispiel in die Ukraine, die für die US-Regierung und BlackRock besonders wichtig war, schon damals, lange vor dem Krieg, also Sohn Hunter hat für seine dabei eingefädelten Geschäfte nicht nur in der Ukraine auch Delaware-Instrumente genutzt.[6]

Übrigens: Zum Ende seiner präsidialen Amtszeit hat Vater Joe seinen Sohn Hunter begnadigt. So was gehört zu den Praktiken von Finanzoasen-Freunden. Damit auch deutlich wird, dass nicht nur der böse Nachfolger Donald Trump über dem Gesetz steht.[7]

Und wo doch Finanzoasen-Freund und BlackRock-Chef Laurence Fink immer wieder beteuert, auch vor der letzten Präsidentenwahl 2024: Wir sind mit beiden Parteien im Gespräch. »Für uns macht es keinen Unterschied, wer die Wahl gewinnt.«[8]

6 Miranda Devine, *Laptop from Hell. Hunter Biden, Big Tech and the Dirty Secrets the President Tried to Hide*, New York/Nashville 2021

7 Michael D. Shear, Zolan Kanno-Youngs, »Biden Issues a ›Full and Unconditional Pardon‹ of His Son Hunter Biden«, in: *New York Times*, 2. Dezember 2024, https://www.nytimes.com/2024/12/01/us/politics/biden-pardon-son-hunter.html

8 Siehe Edward Luce, »Larry Fink is so wrong about 2024«, in: *Financial Times*, 25. Oktober 2024, https://www.ft.com/content/48fe5ade-55f1-4482-b565-e74479f3db2b

BlackRock, der gegenwärtig größte Finanzorganisator des US-geführten Kapitalismus, ist Aktionär, also Miteigentümer, in etwa 18.000 Unternehmen, in den traditionellen Banken und Finanzfirmen (auch der einst mächtigen Wall Street) und bei Rüstung, Fracking, Öl/Gas, Chemie, Autos, Agrobusiness, Immobilien/Wohnungen, Versicherungen und in den führenden Digitalkonzernen sowieso, natürlich auch bei *Tesla*. BlackRock kauft sich zudem ständig in zum Teil neue Branchen ein, die sich im Aufstieg befinden.

- in die öffentliche Infrastruktur, etwa durch den Kauf des Weltkonzerns Global Infrastructure Partners,
- in das Kreditmanagement durch den Kauf von HPS Investment Partners
- und in die KI.

BlackRock & Co: Unregulierte Schattenbanken

BlackRock & Co. gelten immer noch als unregulierte *Shadow banks*, »Schattenbanken«. Das haben diese neuen mächtigen Kapitalaufsteiger durchgesetzt. Alle US-Regierungen unterstützen das bis heute. Und die EU unterwirft sich.

Shadow bank ist deshalb der offizielle Begriff für BlackRock & Co. – auch die Private-Equity-Investoren (»Heuschrecken«) und die Hedgefonds gehören dazu. Als *Shadow banks* werden sie geführt bei den G7-Staaten, in den Finanzaufsichten der US-geführten Kapital-Demokratien,bei der Europäischen Zentralbank (EZB) und der Schweizer Bank for International Settlements (BIS), der Zentralbank der Zentralbanken. Keine Regulierung – BlackRock & Co. sind bei der BIS seit drei Jahrzehnten lediglich »unter Beobachtung« gestellt.[9]

9 Werner Rügemer, *Die Kapitalisten des 21. Jahrhunderts. Gemeinverständlicher Abriss zum Aufstieg der neuen Kapitalakteure*, 4. aktualisierte Aufl., Köln 2024, Seite 67ff. (auch in englischer, französischer, italienischer, russischer und chinesischer Übersetzung erschienen)

Weil sie nicht reguliert sind, im Unterschied zu den traditionellen Banken, haben BlackRock & Co. mehr Freiheiten als traditionelle Aktionäre und Vermögensverwalter. Auch deshalb – und nicht nur wegen der Briefkastenfirmen in Finanzoasen – können sie höhere Gewinne herausholen, im Dienste ihrer superreichen Kapitalgeber.

BlackRock und die US-Regierung

BlackRock machte den letzten großen Sprung mithilfe der US-Regierung unter Barack Obama: Der gab dem Aufsteiger den Auftrag, die Finanzkrise abzuwickeln. Da wurde BlackRock der größte Finanz-Insider, beschloss über Rettung und Nicht-Rettung und konnte selbst durch Zukäufe expandieren. Unter Präsident Joe Biden hatte BlackRock drei Manager in der US-Regierung.

BlackRock berät nicht nur die US-Zentralbank Fed (Federal Reserve System), sondern auch die Europäische Zentralbank (EZB).

BlackRock sponsert in den USA beide Regierungsparteien, die Republikaner ebenso wie die Demokraten, auch wenn die eine gerade nicht an der Regierung ist, und nicht nur zu den Wahlkämpfen, sondern auch zwischen den Wahlkämpfen. Wie in Brüssel unterhält BlackRock auch in Washington ein großes Lobbybüro.

BlackRock gehört zu den führenden Aktionären aller Leitmedien in den USA wie *New York Times, Wall Street Journal, USA Today* und auch der großen TV-Sender.

BlackRock regiert in den USA mit. BlackRock ist deshalb auch der offizielle Koordinator für den »Wiederaufbau« der Ukraine, wo es schon seit Jahrzehnten als Aktionär vertreten ist (siehe S. 45).

Übereinstimmend mit den US-Präsidenten, ob sie Trump oder Biden oder wieder Trump heißen, geißelt BlackRock-Chef Fink namens auch der US-Regierung die Volksrepublik China als Feind, nicht zuletzt weil sie

Russland unterstützt. So forderte er im Oktober 2024 beim »Berlin Global Dialogue« die europäischen Staaten auf, ihre Beziehungen zu China zu »überprüfen«.[10]

Größter Aktionär in Deutschland

Der größte neuere Aufsteiger des US-geführten Kapitalismus und Imperialismus ist gegenwärtig nicht nur im Herkunftsland USA der größte Aktionär, sondern auch in den mit den USA verbundenen Staaten wie Kanada, Großbritannien, Australien, Japan, Singapur, Südkorea und Indien sowie in den reichen europäischen Ländern wie Deutschland, Frankreich, Belgien, Luxemburg und den Niederlanden, übrigens auch in der Schweiz: In all diesen Staaten ist BlackRock der größte Eigentümer von Aktien, der größte Insider, damit auch der größte Abschöpfer der Gewinne – und der größte Steuerflucht-Organisator zugunsten von Superreichen, von denen das Kapital stammt und denen der größte Teil der Gewinne zufließt.

Heutige Kapitalisten:
Warum verstecken sie sich?

Beim Aufstieg des Kapitalismus im 19. Jahrhundert stellten sich die erfolgreichen Kapitalisten und Großaktionäre stolz der Öffentlichkeit: Rockefeller und Ford in den USA, Siemens und Krupp in Deutschland. Sie zeigten sich mit Regierungschefs und bei öffentlichen Feiern, bauten sich imposante Villen neben ihren Fabriken.

Aber heute haben viele Eigentümer und Großaktionäre der wichtigsten Unternehmen und Banken ein schlechtes Gewissen. Sie verstecken sich vor der Bevölkerung und auch vor den Beschäftigten. Selbst Gewerkschaften und Betriebsräte haben in der Regel keine Ahnung, wem »ihr«

10 Kwan Wei Kevin Tan, »China hält Russland im Krieg am Leben, meint Blackrock-CEO Larry Fink«, in: *Business Insider*, 3. Oktober 2024, https://www.businessinsider.de/politik/international-politics/china-haelt-russland-im-krieg-am-leben-meint-blackrock-ceo/

Unternehmen gehört. BlackRock, Vanguard, State Street – eine Blindstelle auch für Bundeskanzler und Minister, für Abgeordnete im Deutschen Bundestag und auch für die Leitmedien, auch für die Gäste der plapperigen Talkshows, seien es Politiker oder Privatleute: Wenn sie über Wirtschaft, Krisen, Arbeitslosigkeit, Wachstum, Inflation sprechen – bestenfalls murmeln sie diffus etwas von »den Märkten«.

Damit werden die heutigen Großaktionäre wie BlackRock, Vangard & Co. und deren Kunden unterstützt und geschützt. Die wollen lieber unbekannt bleiben – denn so können sie auch leichter Steuerflucht begehen.

Wealth Management für eine winzige Minderheit

BlackRock macht nach eigener Darstellung *Wealth Management*, also Reichtums-Management. BlackRock preist seine riesige, weitgehend roboterisierte Finanzdaten-Anlage Aladdin als *Wealth Management Technology*.

BlackRock tritt also nicht für die Volkswirtschaft ein, nicht für die Vermehrung des Einkommens der Mehrheit, nicht für das Einkommen der Lohn- und Gehaltsempfänger und Rentner, nicht für einen finanziell ausreichend ausgestatteten Sozial- und Rechtsstaat, sondern für die Vermehrung des individuellen, Reichtums derjenigen, die schon reich oder superreich sind, der Multimillionäre und Multimilliardäre, also der etwa 0,001 Prozent aller Menschen auf der Erde.

Demokratie? Nein, Shareholder Democracy

BlackRock tritt deshalb auch nicht für Demokratie ein, nicht für die Herrschaft der Mehrheit der Bevölkerung, sondern für *Shareholder Democracy:* also für eine Mitbestimmung, die auf Aktionäre beschränkt ist.

Dabei sind aber nicht die vielen Hunderttausend Kleinaktionäre gemeint, die es zum Beispiel in Deutschland noch in den traditionellen Unternehmen wie Siemens und Deutsche Bank gibt: Diese Kleinaktionäre sind für BlackRock von keinerlei Interesse.

Keine Bankschalter, kein Publikumsverkehr

Deshalb hat BlackRock auch in Deutschland keine öffentlich zugänglichen Bankschalter oder Büros. BlackRock hat hier nur 170 Mitarbeiter. Sie sind in zwei kleinen, unscheinbaren Büros in Frankfurt und München versteckt und nur für die wenigen reichen Kunden erreichbar. BlackRock Deutschland wirbt wie überall öffentlich für »Kundennähe« – aber 99,999 Prozent der Bevölkerung sind nicht als Kunden gemeint; nahe sein will BlackRock nur den 0,001 Prozent, und dies öffentlich unsichtbar.

Einstieg in Deutschland I:
Nach dem Ausverkauf der DDR

1994 stieg BlackRock in Deutschland ein. Damals hatten sich westdeutsche Unternehmen und Millionäre bereits mithilfe von US-Beratern wie McKinsey, Price Waterhouse Coopers und JP Morgan in der Treuhandanstalt zu Schleuderpreisen das Vermögen der Ex-DDR angeeignet: Immobilien, Grundstücke, Banken, Unternehmen, die von der Treuhand von 1990 bis 1994 verramscht worden waren.[11]

Deshalb war jetzt »Vermögensverwaltung« angesagt, mehr noch als vorher, wobei der Begriff harmlos klingt: Es ging im Jubel des Sieges über den bösen Sozialismus vielmehr um Reichtumsmehrung, mehr, als bisher in der Bundesrepublik Deutschland schon möglich gewesen war. Da erkannte aus dem Reichtums-Vorbildstaat USA der neuartige, aufsteigende Kapitalorganisator BlackRock

11 Siehe Werner Rügemer, *Privatisierung in Deutschland. Eine Bilanz. Von der Treuhand zu Public Private Partnership*, 4. überarbeitete und erweiterte Aufl., Münster 2008

seine Chance. Die zusätzlich bereicherten westdeutschen Unternehmer waren in der EU die erste Zielgruppe bei dessen internationaler Expansion.

Die christlich lackierte Regierungspartei CDU unter Kanzler Helmut Kohl förderte den Einstieg. Einer der seit 1994 aufsteigenden Politiker im Bundestag und im CDU-Wirtschaftsrat hieß Friedrich Merz – zu ihm kommen wir noch.

Einstieg in Deutschland II:
Mit der US-hörigen Kanzlerin Angela Merkel

Und mit der Kohl-Nachfolgerin, der CDU-Vorsitzenden und Kanzlerin Angela Merkel, ging es beschleunigt weiter.

Mithilfe der von US-Spekulanten und auch von BlackRock selbst mitverursachten »Finanzkrise« 2007/2008 etablierte sich BlackRock schrittweise als größter Aktionär und Miteigentümer von Banken und Unternehmen in Deutschland.

»Finanzkrise« ist dabei ein lügenhaftes Narrativ, von gekauften »wissenschaftlichen« Ökonomie-Päpsten entwickelt, dann natürlich verbreitet von der CDU-Kanzlerin, von ihrem SPD-Finanzminister Peer Steinbrück, vom BlackRock-Bewunderer Merz, von den staatlichen wie privaten Leitmedien: Lügenhaft, denn BlackRock & Co., die neuen kapitalistischen Aufsteiger, hatten überhaupt keine Krise, im Gegenteil. Sie hatten die Milliardengewinne aus der »Finanzkrise« in den USA und kauften sich dort und auch in der EU in die traditionellen, angeschlagenen Banken und Unternehmen ein.[12]

Die tiefe Komplizenschaft Merkels entblätterte sich kurzzeitig 2021. Zum Ende ihrer Kanzlerschaft schied Lars-Hendrik Röller aus dem Bundeskanzleramt aus: Er

12 Werner Rügemer, *Die Kapitalisten des 21. Jahrhunderts*, 4. aktualisierte Aufl., Köln 2024, S. 24–73

 war dort seit 2011, ein Jahrzehnt lang, Abteilungsleiter und Chefberater Merkels im Bereich Finanzen und Wirtschaft gewesen. Nach seinem Ausscheiden wurde er Chef eines neuen BlackRock-Teams für »nachhaltiges Investieren«, ausgerichtet auf die Europäische Kommission.[13]

Der stolze Erfolg hatte und hat viele mitverdienende Mittäter, die dem Großen Schwarzen Bruder-Felsen aus den USA zuarbeiten dürfen. Deshalb zitierte BlackRock 2024 zu seinem 30-jährigen Jubiläum in Deutschland die unterwürfigen Glückwünsche kleinerer deutscher Vermögensverwalter, zum Beispiel:

- die Deutsche Ärzte- und Apothekerbank,
- der Bosch-Pensionsfonds,
- Der Chef von IONITY, das von BlackRock finanzierte Unternehmen für E-Auto-Ladestationen, schwärmt: »Mit BlackRock haben wir einen starken, visionären Partner.«
- Die beiden Gründer des Münchener Vermittlers von roboterisierten Vermögensanlagen, Scalable Capital (mit BlackRock als Aktionär), schwärmen: »Das Treffen mit Larry Fink in Zürich bleibt uns unvergessen.«[14]

»Larry« ist der milieumäßige Kosename des BlackRock-Chefs Laurence Fink, wie er auch in den Kapital-Postillen wie *FAZ*, *Handelsblatt*, *WirtschaftsWoche*, *Die Zeit* und *Welt* kumpelhaft verwendet wird.

BlackRock ist der globale Anführer und Organisator der professionellen Steuerflucht für die Superreichen – in den USA, in der EU, in Deutschland.

Wie bereits erwähnt, hat BlackRock seine operative Zentrale in New York, der rechtliche Sitz und Steuersitz befindet sich dagegen in der größten Finanzoase der USA,

13 Daniel Goffart, »Merkels Ex-Berater Röller wird Chairman für Blackrock«, in: *WirtschaftsWoche*, 28. Juni 2022, https://www.wiwo.de/politik/deutschland/lars-hendrik-roeller-merkels-ex-berater-roeller-wird-chairman-fuer-blackrock/28461062.html

14 Wir feiern 30 Jahre BlackRock in Deutschland, blackrock.com/de, Mai 2024

in Wilmington im Bundesstaat Delaware. Wilmington ist inzwischen zugleich die größte Finanzoase des US-geführten Westens, genutzt von Unternehmen und Banken aus der EU für Hunderttausende von Tochter- und Briefkastenfirmen. So unterhält allein die Deutsche Bank in Wilmington 102 Briefkastenfirmen, zum Beispiel: Sharps SP LLC, DB Aster LLC, DB Aster Inc., 5353 WHMR LLC, DB SPEARs Lifers, Series DB-8096 Trust, DB ETF Trust, Deutsche Postbank Funding III LLC, Global Opportunities Co-Investment Feeder LLC, SP Morgage Trust.[15]

Und BlackRock als Aktionär der Deutschen Bank unterhält seinerseits in dieser Funktion ebenfalls mehrere Briefkastenfirmen in Wilmington. Außerdem betreibt BlackRock zusätzlich von Delaware aus mehrere Tochterfirmen, etwa Trident Merger LLC, BlackRock Delaware Holdings und Amethyst Intermediate LLC.

Sie koordinieren und kontrollieren von dort weitere Tochterfirmen zur Führung von Briefkastenfirmen und Konten der Kunden in anderen Finanzoasen, so auf den Cayman Islands, den Virgin Islands, auf der britischen Kanalinsel Jersey, in Singapur, Hongkong, Luxemburg, Irland, Kanada, Australien, in den Niederlanden und auch in der inzwischen nur noch untergeordneten Finanzoase Schweiz. Das machen aber auch Unternehmen, an denen BlackRock beteiligt ist. So hat zum Beispiel die Deutsche Bank ebenfalls weitere Briefkastenfirmen auf den Cayman Islands, in Singapur, in Luxemburg und im niederländischen Amsterdam.

BlackRocks Europa-Zentrale sitzt übrigens in der City of London, dem auch im Vergleich zu New York am weitesten deregulierten Finanz- und Börsenstandort des kapitalistischen Westens.

15 Deutsche Bank: Anteilsbesitz 2023, investor-relations.db.com

26 *BlackRock in Luxemburg: »We are the Wealth Builder«*

Das Großherzogtum Luxemburg, einer der wichtigsten Gründungsstaaten der EU mit dem Sitz der von den USA 1952 initiierten Montanunion (European Coal and Steel Community, ECSC), der ersten EU-Vorstufe, ist für BlackRock nicht nur wichtig für das Verstecken reicher Kunden, sondern auch ein zentraler Standort für eigene Geschäfte. Luxemburg fungiert seit dem Ende des Zweiten Weltkriegs als »51. Staat der USA« mit finanzrechtlicher Gesetzgebung, die US-Interessen besonders weit entgegenkommt.[16]

So unterhält BlackRock hier eine Filiale namens BlackRock Global Index Funds. Hier werden nach Luxemburger Recht gegenwärtig zehn wichtige Indexfonds der BlackRock-Firma iShares geführt, zum Beispiel iShares Emerging Markets Equity Index Fund, iShares Euro Aggregate Bond Index Fund, iShares Japan Equity Index Fund, iShares North America Equity Index Fund, iShares Pacific ex Japan Equiry Index Fund und der iShares World Equity Index Fund. Das Unternehmen heißt BlackRock Luxembourg Société Anonyme (S. A.) und residiert in der Nummer 35A an der Avenue J. F. Kennedy, L-1855 Luxembourg. Von dort aus werden die Außenstellen in den EU-Staaten, aber auch etwa in den USA, Großbritannien, Singapur, Hongkong, Südafrika und der Schweiz geleitet.

Ganz im Sinne des *Wealth Management* bedienen sich auch die sechs Mitglieder des Vorstands unter Leitung der US-Amerikanerin Denise Voss selbst sehr gut: Sie genehmigten sich für das Geschäftsjahr 2021 zusammen 150,4 Millionen US-Dollar.[17]

16 Werner Rügemer: Imperium EU – ArbeitsUnrecht, Krise, neue Gegenwehr, Köln 2020. Seite 71ff.

17 BlackRock: Jahresbericht und geprüfter Jahresabschluss, BlackRock Global Index Funds, Handelsregister Luxemburg: B 171278, für das zum 31. März 2022 endende Geschäftsjahr,

Für die professionelle Steuerflucht setzt BlackRock auch die beiden Tochterfirmen Aperio Group LLC und Aperio Holdings LLC ein. Sie werben für sich als *Wealth Builder*, Reichtums-Macher: »Wir arbeiten Seite an Seite mit Beratern, um entsprechend der Individualität jedes Anlegers personalisierte und steueroptimierte, gesondert geführte Konten anzulegen.« Aperio führt 18.000 solche Konten.[18]

USA: *Größte Finanz- und Steueroase der Welt*

BlackRock wurde nicht zuletzt deshalb der größte Organisator der Steuerflucht für die Superreichen, weil die USA auch gesetzlich zur größten Finanzoase ausgebaut wurden, durch BlackRock & Co., für BlackRock & Co.

So verkündeten zwar die G20-Staaten 2009 als Reaktion auf die Finanzkrise: Das globale Netzwerk an Steueroasen und Briefkastenfirmen muss zerschlagen werden! Doch unter Barack Obama beschloss der US-Kongress daraufhin den *Foreign Account Tax Compliance Act*: Die anderen Staaten müssen den USA die Firmen und Konten von US-Personen melden – aber die USA melden die Briefkästen und Konten ausländischer Personen in den USA nicht an deren Herkunftsländer.

So stehen die USA auf Platz 1 des *World Secrecy Index*, also führend bei der Geheimhaltung der versteckten Privatvermögen: Zu der antidemokratischen Förderung der Reichen gehört auch die weltweit höchste Geheimhaltung ihres Reichtums.[19]

»Die USA sind der bevorzugte Bestimmungsort für Geld, das versteckt werden muss«, so die US-Wirtschaftssoziologin Brooke Harrington.[20]

18 aperiogroup.com [abgerufen 1.10.2024]

19 ssi.taxjustice.no/fsi/2022/USA/index/top

20 Brooke Harrington, *Offshore. Wie Vermögensverwalter Reichtum tarnen*, Frankfurt/New York 2024, S. 52

28 Das von BlackRock verwaltete Vermögen in Deutschland

Mit seinen nur 170 Mitarbeitern bzw. Reichtumsbedienern verwaltet, koordiniert, optimiert BlackRock in Deutschland ein privates, steuerflüchtendes Vermögen in Höhe von 270 Milliarden Euro – diese Summe gab BlackRock im Jahre 2024 zum 30-Jahres-Jubiläum der Geschäftstätigkeit in Deutschland freudig und stolz bekannt.

Der größte Teil dieses Privatvermögens besteht aus Beteiligungen, Dividenden und Wertsteigerungen im DAX, MDAX, TecDAX sowie SDAX, also in über 150 der wichtigsten Unternehmen. Die Gewinne ergeben sich

1. aus den Dividenden,
2. aus den Wertsteigerungen,
3. aus dem ständigen spekulativen Handel mit den Aktien,
4. aus dem Verleihen von Aktien.

BlackRock-Vermögen Deutschland I:
Im DAX

BlackRock ist, zusammengerechnet, in etwa einem Drittel der 40 DAX-Konzerne der größte Aktionär, zum Beispiel im Pharmakonzern Qiagen, in den Chemiekonzernen BASF und Bayer, im Flugmotorenkonzern MTU Aero Engines, in den Versicherungskonzernen Münchner Rück und Allianz, bei Deutsche Börse, im Energiekonzern RWE, neuerdings auch im »deutschen« Rüstungskonzern Rheinmetall.

Dass BlackRock mit über 11 Prozent den größten Anteil an Qiagen und MTU hat, ist die Ausnahme. In einem Dutzend der DAX-Unternehmen ist BlackRock der zweitgrößte Aktionär, etwa im Wohnungskonzern Vonovia und nach dem Staat in der Commerzbank, ansonsten auch mal der dritt-, viert- oder fünftgrößte. In acht DAX-Unternehmen hat BlackRock knapp über 3 Prozent. Das macht aber keinen großen Unterschied: Die heute führenden Aktionäre haben im Durchschnitt sowieso um die 5 Prozent, mal weniger, mal mehr.

Die Aktienanteile schwanken zum Teil sekündlich: BlackRock & Co. warten nicht wie die Kleinanleger nervös auf die Gewinnausschüttung (Dividenden) nach Ende des Geschäftsjahres. Vielmehr handeln bzw. spekulieren sie ständig, vielfach roboterisiert, im Nano-Sekundenbereich, mit ihren Aktien – das gehört zu den zusätzlichen Gewinnquellen für BlackRock selbst, für seine Aktionäre und Top-Manager, allen voran für den Chef und Milliardär »Larry«.

Der Einfluss auf die Geschäftsentscheidungen ist auch bei diesen »niedrigen« Aktienanteilen dadurch gegeben, dass BlackRock 1. immer unter den fünf oder mindestens zehn größten Aktionären ist und 2. mit den wichtigsten anderen Akteuren aus den USA, also Vanguard, State Street, Capital World, Fidelity, Wellington, T Rowe Price, Dimensional Fund usw., als gegenseitiger Aktionär verbunden ist (und in ähnlicher Weise mit dem norwegischen privaten Staatsfonds Norges und mit Temasek aus Singapur). Sie bilden in der Regel, in wechselnder Zusammensetzung, die jeweils führende, sich absprechende Aktionärsgruppe in den meisten DAX-Unternehmen.[21]

Fünf DAX-Konzerne ohne BlackRock?

Für fünf DAX-Konzerne finden sich öffentlich keine Angaben zum BlackRock-Anteil: Airbus, Henkel, VW, Porsche AG und Siemens Healthineers.

Airbus ist ein staatlich geführtes, europäisches Unternehmen: Die Staaten Deutschland und Frankreich mit jeweils über 10 Prozent und Spanien mit 4 Prozent sind die größten Aktionäre. Bei Henkel, VW und Porsche AG hängt der niedrige oder Nicht-Anteil von BlackRock auch daran, dass sie ihre Clanstruktur aus der Hitler-Zeit im Nachfolgestaat BRD bewahrt haben. Siemens Healthineers ist eine erst kürzlich erfolgte Auslagerung aus dem Mutterkonzern.

21 Werner Rügemer, BlackRock & Co.enteignen!, Seite 35f.

 BlackRock ist aber trotzdem auch an diesen fünf DAX-Konzernen beteiligt. Dass es keine Stimmrechtsmitteilungen (siehe S. 74) gibt, liegt daran, dass die Meldepflicht nach dem Wertpapier-Handelsgesetz (WpHG) erst bei 3 Prozent beginnt. Vor allem aber: Über das Finanzinstrument ETF (siehe S. 31) ist BlackRock an allen, also auch an diesen fünf Konzernen beteiligt, eben nur mit weniger als 3 Prozent.

An BlackRock ausgeschüttete Gewinne im DAX 2023

Die Dividenden, die für 2023, das letzte bilanzierte Jahr, an BlackRock ausgeschüttet wurden, betrugen zum Beispiel:

369,8 Mio. Euro von Allianz
263,4 Mio. Euro von Mercedes-Benz
241,1 Mio. Euro von Siemens
156 Mio. Euro von BASF
147,8 Mio. Euro von SAP
135 Mio. Euro von Münchner Rück
101,7 Mio. Euro von Deutsche Post DHL

Zu den Gewinnen kommt die Wertsteigerung

Das Vermögen der BlackRock-Kunden wird nicht nur durch diese jährlichen Dividenden erhöht, sondern zusätzlich durch die gesteigerten Werte der Aktien.

Dieser Wert wurde in den letzten anderthalb Jahrzehnten mehr als verdreifacht: Die DAX-Aktien haben seit 2009, als die Präsenz von BlackRock & Co. mithilfe der CDU-Merkel-Regierung und danach durch die SPD-Scholz-Regierung stabilisiert und erweitert wurde, ihren Wert von 5.957 auf 19.213 Indexpunkte gesteigert.[22] Der Wert und damit das entsprechende Vermögen der von BlackRock betreuten Kunden wurde also – zusätzlich

22 Boerse.de/historischekurse/DAX, Stand 3.10.2024

zu den jährlich ausgezahlten Dividenden – mehr als verdreifacht.

Die Erhöhung der Dividenden und Wertsteigerungen gingen und gehen in den auch mit der Corona-Politik seit 2020 verursachten Krisen unvermindert weiter, auch trotz der De-Industrialisierung, trotz des Verfalls der öffentlichen Infrastruktur, trotz der Verarmung der Bevölkerungsmehrheit, zugunsten von BlackRock & Co.: »Aktionäre streichen Rekord-Dividenden ein«, melden ohne jegliche Kritik auch die staatlichen Zwangsmedien.[23] Und das wird gefördert durch die SPD-Grüne-FDP-Bundesregierung, und CDU und CSU widersprechen hier keineswegs.

Das Finanzinstrument Exchanged Traded Fund (ETF)

Auch die BlackRock-Tochterfirma iShares ist Miteigentümer im DAX. iShares verwaltet, koordiniert, kauft und verkauft das Finanzinstrument *Exchanged Traded Fund*, bekannt unter dem Kürzel ETF. iShares hat wie die Muttergesellschaft BlackRock Inc. den rechtlichen Sitz in Wilmington.

BlackRock hat das Finanzinstrument ETF entwickelt und ist noch vor dem eng verbundenen Finanzakteur Vanguard der führende Verkäufer und Verwalter. Ein ETF hat Anteile an allen Unternehmen eines Index, beispielsweise an allen 40 DAX-Unternehmen, an den 500 größten US-Unternehmen usw. BlackRock entwickelt auch ETFs durch Zusammenstellung anderer Unternehmensgruppen, etwa nach den Kriterien Umwelt, aufstrebende Märkte, Globale Saubere Energie, Infrastruktur, auch etwa zu »Aerospace & Defence« mit Anteilen an den weltweit größten Rüstungskonzernen wie Lockheed, Northrop, General Dynamics und Raytheon/RTX.

23 »Aktionäre streichen Rekord-Dividenden ein«, *tagesschau.de*, 15. April 2024

ETFs sind eine Art »Volksaktie«: Schon ab 20 Euro monatlich – so wirbt der deutsche ETF-Verkäufer Scalable – können sich Kleinanleger ETF-Anteile kaufen und nehmen damit an der Dividende und der Wertentwicklung teil. Das dient etwa – so die von BlackRock übernommene Werbung der EU und der Bundesregierung – zur Aufbesserung der Rente.

Die ETFs werden vom Datenzentrum BlackRocks, Aladdin, roboterisiert verwaltet. Deshalb ist die einbehaltene Verwaltungsgebühr von 0,2 Prozent konkurrenzlos niedrig, nicht zuletzt gegenüber den hohen Gebühren, die bei der »Riester-Rente« durch die Versicherungskonzerne Allianz und Ergo eingezogen werden.

BlackRock bleibt allerdings Eigentümer der Aktien und erweitert damit seine Aktionärsstellung etwa in allen DAX-Unternehmen. Insgesamt betreibt BlackRock etwa 1.400 ETFs, die in großen Paketen auch von Großspekulanten gekauft werden können.

Allein im DAX ist iShares/BlackRock im Wert von etwa 100 Milliarden US-Dollar vertreten.[24]

BlackRock-Vermögen Deutschland II:
Im MDAX

BlackRock & Co. sind auch Großaktionäre in Unternehmen des MDAX: Hier sind die 50 Aktiengesellschaften versammelt, die nach den 40 DAX-Unternehmen die wertvollsten in Deutschland sind.[25]

Im MDAX bewegt sich die öffentlich bekannte Spanne des BlackRock-Aktienanteils wie im DAX von den meldepflichtigen 3 Prozent an aufwärts und liegt meist bei 5 oder 6 Prozent. Den höchsten Anteil im MDAX hält BlackRock gegenwärtig mit knapp 10 Prozent im

24 »Deutscher Leitindex in ausländischer Hand«, *zdf.de/nachrichten/wirtschaft*, 12. 10. 2024
25 finanzen.net/index/mdax

drittgrößten Wohnungskonzern Deutschlands, der LEG (LEG = Abkürzung für Landesentwicklungsgesellschaft; war das öffentliche Wohnungsunternehmen des Bundeslandes NRW, bevor es über US-»Heuschrecken« dann bei BlackRock & Co. landete). Die LEG vermietet circa 167.000 Wohnungen und 1.600 Gewerbe-Immobilien, zumeist in Nordrhein-Westfalen.

BlackRock-Aktienanteile im MDAX, zum Beispiel:

Hensoldt (Rüstung):	3,04 %
KION (Gabelstapler, Lagertechnik):	3,16 %
Thyssen-Krupp (Stahl):	3,17 %
Evonik Industries (Spezialchemie):	3,27 %
Knorr-Bremse (Bremssysteme):	3,52 %
Deutsche Lufthansa:	4,09 %
Aixtron (Maschinenbau):	4,21 %
Teamviewer (Software):	5,05 %
Puma (Sportartikel):	5,18 %
Lanxess (Spezialchemie):	5,50 %
Hugo Boss (Modekleidung):	5,75 %
Scout24 (Immobilienportal):	6,08 %
TAG Immobilien:	6,26 %
GEA (Maschinenbau):	6,38 %
LEG (Wohnungsunternehmen):	9,51 %

Diese Aktienanteile verteilt BlackRock ebenfalls zugunsten seiner anonymisierten Kapitalgeber über die Briefkastenfirmen, die auch im DAX eingesetzt werden. Dazu gehört auch die BlackRock-Tochterfirma iShares mit den ETFs mit einem eigenen Indexfonds im MDAX: iShares MDAX UCITS ETF (DE) ExS3.

Auch im MDAX gehören neben BlackRock Vanguard, State Street & Co. zu den führenden Aktionärsgruppen.

BlackRock-Vermögen Deutschland III: TecDAX

Im TecDAX sind 30 börsennotierte Aktiengesellschaften versammelt, die einen hohen Technologie-Anteil haben. In allen betreut BlackRock ebenfalls Briefkastenfirmen für seine anonymisierten Kunden. Beispiele für die BlackRock-Aktienanteile:

United Internet:	3,16 %
SMA Solar:	3,25 %
Jenoptik:	3,29 %
Evotec:	3,36 %
Nordex:	3,90 %
Bechtle:	4,14 %
Siltronic:	4,17 %
Aixtron:	4,22 %
Deutsche Telekom:	4,99 %
freenet:	4,99 %
Covestro:	5,48 %
Nemetschek:	5,48 %
SAP:	6,16 %

BlackRock-Vermögen Deutschland IV: Im SDAX

Im SDAX sind gegenwärtig 70 börsennotierte, kleinere Unternehmen zusammengefasst, nach Umsatz, Gewinnen und Aktienwert in der Börsen-Hierarchie die dritte Klasse. Beispiele für BlackRock-Anteile:

Cancom:	3,79 %
Dt. Pfandbriefbank:	3,11 %
Metro AG/Großhandel:	3,24 %
Salzgitter AG/Stahl:	3,86 %
MorphoSys/Pharma:	4,06 %
Südzucker AG:	5,03 %
Deutsche Wohnen:	10,58 %

BlackRock ist an allen SDAX-Unternehmen beteiligt, wie sonst auch durch die Tochterfirma iShares und deren Index-ETFs.

Auch in Familienunternehmen, in denen die Gründer noch die größten Eigentümer sind, sind für BlackRock & Co. relativ kleine Anteile wichtig. So bleibt man Insider, auch in der jeweiligen Branche. Beispiele:

1&1 AG (IT-Dienste):	0,23 %
Vossloh AG (Bahntechnik):	0,82 %

Mit etwas größeren Anteilen sind in solchen Fällen auch die BlackRock-Partner wie Vanguard, Dimensional Fund, Amundi und Norges vertreten, etwa Vanguard mit 1,77 Prozent bei Vossloh und mit 0,8 Prozent bei 1&1.

Auch im SDAX setzt BlackRock sein globales Netz an Briefkastenfirmen und Finanzoasen ein, zugunsten seiner Kapitalgeber.[26]

BlackRock-Vermögen Deutschland V:
In weiteren Unternehmen

Mit den Anteilen im DAX, MDAX, TecDAX und SDAX ist es für BlackRock noch nicht getan – hier beispielhaft zwei solche Unternehmen:

Telefonica Deutschland:	3,27 %
Aareal Bank:	9,8 %

Coca-Cola Europacific Deutschland GmbH

BlackRock ist an Coca-Cola Europacific Partners (CCEP) beteiligt, mit 3,39 Prozent.[27] Das ist, mit Sitz in London, die außerhalb der USA größte Abfüll- und Vertriebsgesellschaft von Coca-Cola. Damit ist BlackRock indirekt auch an der CCEP-Tochterfirma in Deutschland beteiligt, der

26 Siehe die beispielhaften Stimmrechtsmitteilungen im SDAX
27 de.finance.yahoo.com/quote/CCEP/holders/, 11.10.2024

 Coca-Cola Europacific Deutschland GmbH. Diese deutsche GmbH ist die größte CCEP-Vertriebsgesellschaft in Europa. Aber als GmbH unterliegt sie nicht den Veröffentlichungspflichten aus dem Wertpapier-Handelsgesetz (WpHG).

Scalable Capital GmbH

Die Scalable Capital GmbH mit Sitz in München verkauft und verwaltet ETFs, ist also ein ETF-Broker. »Mit Scalable Wealth geht Geldanlage entspannt, intelligent und automatisiert: Schon ab 20 Euro monatlicher Sparrate«: So verspricht das Fintech-Unternehmen – auch Robo Advisor genannt – dem Kleinanleger den Aufstieg in das BlackRock-Angebot *Wealth*, Reichtum. Scalable wurde von BlackRock 2017 mitfinanziert und ist über seine niederländische Briefkastenfirma BlackRock Netherlands B. V. mit 35 Prozent der größte Eigentümer.[28] Scalable hat über eine Million Kunden, über 20 Milliarden Euro Anlagevermögen, handelt vor allem mit den 1.400 roboterisiert verwalteten BlackRock-ETFs, aber auch mit ETFs des zweitgrößten Anbieters Vanguard.[29]

Die EU fördert die Steuerflucht für BlackRock-Kunden

Nicht nur der US-Staat, auch die EU und der deutsche Staat dulden, ja fördern die Steuerflucht der Kunden von BlackRock & Co., darin unterstützt von Parlamenten, Medien, Beratern.

Die Nutzung der von BlackRock & Co. eingesetzten Praktiken wird in den westlichen Kapital-Demokratien nicht straf- und finanzrechtlich verfolgt. Die Regierungen, Finanzaufsichten und Finanzämter – auch die EU und

28 »So viel BlackRock steckt wirklich in Scalable«,in: *Fonds Online*, 25. Januar 2019, *nothdata.de/scalable+Gmbh+Muenchen/HRB+215618*

29 *ce.scalable.capital/* [abgerufen 11. Oktober 2024]

die G7 – fördern diesen Zustand durch komplizenhafte Duldung.

In der aktuell geltenden – 2018 von der EU veröffentlichten – »Schwarzen Liste« der verbotenen Finanzoasen sind nur solche enthalten, die im globalen Großgeschäft von BlackRock & Co. sowieso keine Rolle spielen, also etwa Namibia, Palau, Guam, Samoa, die Amerikanischen Jungferninseln, St. Kitts und Nevis. Dasselbe gilt für die »Schwarze Liste« der UNO.

In diesen Listen der professionellen und regierungsamtlichen Heuchelei fehlen *alle* von BlackRock & Co. genutzten Finanzoasen wie Delaware, die Cayman Islands, Singapur, Jersey, die Schweiz, die Niederlande und Luxemburg.

Und wenn sogar so wichtige EU-Gründungsstaaten wie Luxemburg und die Niederlande zu diesen nicht genannten Finanzoasen gehören, dann kann man die Komplizenschaft der europäischen Vasallen mit Händen greifen!

CDU/CSU, SPD, FDP, Grüne: Steuerflucht für Superreiche – mehr Steuern für den Rest

Zunächst waren es die christlich-liberal lackierten Regierungen, die in der Bundesrepublik Deutschland die kapitalistische »Elite« schrittweise immer mehr von Steuern befreit haben, auch beim leistungslos sich anhäufenden Vermögen:

1. Unter CDU-Bundeskanzler Helmut Kohl wurde nach der deutschen Vereinigung die Vermögensteuer ausgesetzt und wird bis heute nicht mehr erhoben – keine andere westliche Kapital-Demokratie geht so weit!
2. Beim Vererben großer Vermögen wurden immer mehr Ausnahmen und immer höhere Freibeträge eingeführt.
3. Die SPD/Grüne-Bundesregierung von Gerhard Schröder/Joschka Fischer förderte mit der »Agenda 2010« auch den Verkauf von Mittelstandsfirmen an US-Heuschrecken durch Steuerbefreiung für den Verkaufserlös.

4. Die Einkommenssteuer für Bestverdiener wurde von 1989 schrittweise von 56 Prozent bis 2007 auf 42 bzw. 45 Prozent herabgesetzt (45 Prozent ab 250.000 Euro Jahreseinkommen), verbunden mit immer mehr Abschreibungsmöglichkeiten.
5. Ehegatten-Splitting: Durch das Nicht-Einkommen der Ehefrau in den Bestverdiener-Milieus wird die Steuerlast des Bestverdiener-Ehemanns verringert.

Viel heftiger sind die Steuersenkungen für Unternehmensgewinne, zum Beispiel:

1. Der Steuersatz für Unternehmensgewinne (Körperschaftssteuergesetz) betrug 1998 noch 45 Prozent für einbehaltene Gewinne und 30 Prozent für ausgezahlte Gewinne. Inzwischen sind die Sätze deutlich geringer.
2. Share Deals: Beim Verkauf von Immobilien fallen auf den Gewinn, je nach Bundesland, etwa 6 Prozent Grundsteuer an. Das können aber jetzt Immobilieninvestoren wie Vonovia (mit BlackRock-Aktionären) vollständig und »ganz legal« umgehen: Sie gründen für die Immobilie eine GmbH mit einem Schattenmann, der 6 Prozent GmbH-Anteile hat, und kaufen nicht die Immobilie direkt, sondern die GmbH: keine Grundsteuer! Bei großen Immobilienkomplexen sind das Millionen an Steuerverlusten für den Staat.

Deutsches »Transparenz«register

2017 richtete der deutsche Staat das Transparenzregister ein, »die offizielle Plattform der Bundesrepublik Deutschland für die Daten zu wirtschaftlich Berechtigten« (*transparenzregister.de)*. Damit folgte die Bundesrepublik der EU-Richtlinie zur Bekämpfung der Geldwäsche. Aber BlackRock & Co. müssen hier ihre Briefkastenfirmen nicht melden.

Die deutsche Finanz»aufsicht«

Die Bundesanstalt für Finanzdienstleistungsaufsicht (BaFin) – verlangt von Investoren wie BlackRock keine namentliche Meldung von Kunden, für die Briefkastenfirmen eingesetzt werden.

Lobbyregister des Deutschen Bundestags

Das bundesdeutsche Parlament, der Bundestag, hat ein Lobbyregister. Dort ist BlackRock immerhin seit 2022 als Lobbyist registriert – nachdem BlackRock vorher schon 28 Jahre lang, seit 1994, eine Filiale betreibt, die BlackRock Asset Management Deutschland AG, und um reiche Kunden wirbt und zum Beispiel schon seit 2016 den CDU-Politiker Friedrich Merz als hochbezahlten Lobbyisten eingesetzt hatte. Aber auch in diesem Register wird nicht die Meldung von eingesetzten Briefkastenfirmen verlangt.

Wertpapier-Handelsgesetz

Das Wertpapier-Handelsgesetz (WpHG) verlangt seit 1994 – also seit BlackRock in Deutschland aktiv ist – in den Paragrafen 33, 34 und 40 die Meldung von Aktienanteilen, sobald sie in Unternehmen in Deutschland 3 Prozent überschreiten. Da werden zwar BlackRock & Co. als Aktionäre genannt, aber nicht die superreichen Kapitalgeber, denen BlackRock & Co. über die Briefkästen die Gewinne zuleiten.

Gleichzeitig wurde die Steuerbelastung der eigentumslosen, nicht-kapitalistischen Klasse ständig erhöht, also für die Menschen, die nur vom Arbeitseinkommen, der Rente oder staatlichen Sozialleistungen abhängen. Beispielsweise:

- durch die immer weiter hochgeschraubte Mehrwertsteuer auf Konsumgüter: Bei der Einführung im Jahre 1968 betrug sie 10 Prozent – zuletzt unter der Lächel-Kanzlerin Merkel wurde der Satz von 16 auf 19 Prozent erhöht, also letztendlich fast verdoppelt,
- durch die schrittweise Privatisierung und damit Verteuerung von Dienstleistungen, die bisher kostenlos oder kostengünstig waren: Kindertagesstätten, Hochschulen, staatliche Dokumente wie Reisepass, Personalausweis,
- durch den Ausverkauf staatlicher, kommunaler und genossenschaftlicher Wohnungen an private Investoren, zunächst an

»Heuschrecken« und dann unter anderem an BlackRock, mit der Folge von Miet- und Nebenkostensteigerungen,
- durch die nachträgliche, zudem schrittweise erhöhte Besteuerung der gesetzlichen Renten seit 2005.

Und diese Verteuerungen des Alltagslebens in Kombination mit der gesetzlich organisierten Absenkung der Arbeitseinkommen und damit auch der Renten erfolgten zudem mithilfe der vier Hartz-Gesetze und der EU-Arbeitsrichtlinien.[30]

So organisieren die Handlanger des BlackRock-Kapitalismus die noch weiter gehende, klassenmäßige Spaltung zwischen den großen Privateigentümern, den immer reicheren Kapitalisten auf der einen Seite und der großen Mehrheit, der vielen anderen, die auf der eigentumslosen Seite auf ihre abgesenkten Arbeitseinkommen und Renten angewiesen sind – bei steigenden Kosten.

»Elite sind diejenigen, deren Soziologie niemand zu schreiben wagt«

Das schrieb Hitlers Kronjurist Carl Schmitt 1940, auf dem Höhepunkt des NS-Kapitalismus. Schmitt selbst trug allerdings dazu bei, dass Hitlers Eliten-Unterstützer aus Deutschland, aber auch aus den USA, aus Großbritannien, Frankreich, Belgien, den Niederlanden, Finnland, der Schweiz, der Ukraine usw. nicht bekannt wurden – sodass also die Soziologie der Elite der bis dahin gefährlichsten

30 Werner Rügemer, *EU – ArbeitsUnrecht, Krise, neue Gegenwehr*, Köln 2020

Kapitalherrschaft tatsächlich nicht geschrieben wurde, jedenfalls nicht von Schmitt & Co.[31]

Sie alle, als da wären:
- die privaten und die öffentlich-rechtlichen Medien,
- die staatstragenden Parteien, die die Demokratie für sich in Anspruch nehmen,
- die »Wirtschaftsweisen«,
- die »führenden Ökonomen« und »Wirtschaftsexperten«,
- die Gewerkschaften bei ihren zunehmenden Protesten gegen die De-Industrialisierung Deutschlands

Sie alle wagen sich nicht an eine »Soziologie« der heutigen »Elite«, denn sie werden von dieser Elite bezahlt, gehätschelt, beauftragt, ausgehalten, mal mehr, mal weniger einbezogen, auch mal eingeladen, öffentlich und nicht-öffentlich, oder so manche werden auch gar nicht beachtet – und fühlen sich selbst dann noch dazugehörig, wenn sie vernachlässigt und ausrangiert werden.

Wer ist die »Elite«?
Schon der Begriff »Elite« trägt zur Un-Kenntlichmachung bei. Auch Carl Schmitt durfte nicht sagen, dass es sich um die führenden privaten Eigentümer der großen Unternehmen und Banken handelt, also um Kapitalisten, um die Krupps, Flicks, Piechs, Neckermanns, Quandts, Oppenheims, Pferdmenges, Thyssens, Porsches, Oetkers und die Deutsche und die Dresdner Bank. Und diese Kapitalisten

31 Diese »Soziologie« der NS-Kapitalisten und ihrer politischen Führung unter Hitler ist u. a. enthalten in: Werner Rügemer, *Verhängnisvolle Freundschaft. Wie die USA Europa eroberten, zunächst vom 1. zum 2. Weltkrieg*, Köln 2023 (auch in französischer, englischer und spanischer Ausgabe, 2024). Hier werden die politischen, medialen, finanziellen, unternehmerischen, militärischen und geheimdienstlichen Unterstützer, Komplizen, Hehler und Profiteure Hitler-Deutschlands dokumentiert, auch während des Stellvertreter-Krieges der faschistischen Wehrmacht gegen die Sowjetunion; zu den Quellen gehören Dokumente und Veröffentlichungen v. a. aus den USA, Frankreich, Großbritannien, Spanien und der Schweiz, die allermeist nicht ins Deutsche übersetzt wurden.

 bilden eine gesellschaftliche Klasse. Sie hat im Kapitalismus qualitativ mehr »zu sagen«, also mehr zu entscheiden als die Menschen, die zu den abhängigen, kleinen Kapitalisten (Handwerkern, Mittelständlern, Eigenheimbesitzern) und vor allem zu den abhängig Beschäftigten gehören.

Den führenden Kapitalisten, also der herrschenden Klasse, gehören als privates Eigentum die wichtigsten Mittel zur Herstellung der wichtigsten Lebensmittel der Gesellschaft, also zur Herstellung der Geräte, die in Fabriken und Büros und Haushalten und für die öffentliche und private Mobilität gebraucht werden, der Wohnungen, der Nahrungsmittel, der Kultur. Und wodurch bei der Arbeit zur Herstellung dieser Produkte die Menschen ihr Geld verdienen, um die für sie notwendigen Lebensmittel kaufen zu können, die sie als abhängig Beschäftigte selbst hergestellt haben.

Die Richtung einer Volkswirtschaft geben deshalb gar nicht die privaten Eigentümer vor, also beispielsweise schon gar nicht die heute in Deutschland 16,3 Millionen privaten Eigentümer von Eigenheimen, oder die privaten, individuellen Eigentümer ihrer Eigentumswohnung. Solche Privateigentümer sind ja letztlich auch Kapitalisten. Deshalb verteidigen die großen Konzern-Kapitalisten, wenn sie kritisiert werden, sich dann gerne mit Hinweis auf diese kleinen Eigenheim-Kapitalisten, um sich selbst hinter ihnen zu verstecken.

»Elite« im Sinne von Herrschaft ist deshalb nur eine winzige Minderheit: Sie wohnen sowieso nicht in einem der 16,3 Millionen deutschen Eigenheime, sondern in Villen in den Nobelvierteln der Großstädte wie Köln-Marienburg oder am Tegernsee und auf Sylt und in Südfrankreich oder noch besser auf einer gekauften pazifischen Insel, dazu gibt's Neben-Absteigen wie eine 250-Quadratmeter-Eigentumswohnung in Berlins Stadtzentrum für gelegentliche Aufenthalte zum Zwecke eines Besuchs der Staatsoper.

Und sie haben nicht nur privates Eigentum als solches, nicht nur mal ein oder zwei oder drei oder zehn Millionen an Kapital. Sie sind nicht nur reich oder sehr reich, und sie haben nicht nur mehr Kapital als die meisten anderen Kapitalisten – etwa viel mehr als brave, stummgemachte, aufgekaufte »Mittelständler« und meckernde Handwerker, die früher mal von Friedrich Merz politisch vertreten wurden –, sondern sie haben vor allem auch ein vielgestaltiges Instrumentarium zur dauerhaften (jedenfalls so gewollten) Herrschaft.

Das Herrschafts-Instrumentarium der BlackRock-Elite

Reich oder sehr reich sein – das reicht nicht zur Herrschaft, zur dauerhaften Abschöpfung von Supergewinnen auch in »Krisen«zeiten. Zur Herrschaft sind zahlreiche, vielgestaltige Instrumente und Mit-Täter notwendig. Zu diesem Herrschafts-Personal und -Instrumentarium gehören:

- von den Unternehmern selbst ausgesuchte und bespendete kapitaldienliche politische Parteien wie CDU, CSU, FDP, SPD, Grüne,
- für sie arbeitende und von ihnen hochbezahlte Dienstleister wie Unternehmensberater, Wirtschafts»prüfer«, Wirtschaftskanzleien, PR-Agenturen, die gleichzeitig die Regierungen, Ministerien, Parteien beraten, auf Bundes-, Landes- und kommunaler Ebene,
- von ihnen bezahlte »Wissenschaft«, also unternehmensfinanzierte Institute an staatlichen Universitäten, zusätzliche »Drittmittel« für einzelne Professoren und/oder Institute an staatlichen Universitäten, Betrieb privater Hochschulen,
- von ihnen direkt finanzierte »Wirtschafts«Institute wie das Institut der deutschen Wirtschaft (IW) in Köln und das Zentrum für Arbeitsbeziehungen und Arbeitsrecht (ZAAR) in München,
- von ihnen mit Werbeanzeigen bezahlte Medien, private wie öffentliche,
- von ihnen finanzierte Stiftungen für Kultur, Umwelt, Soziales, Gesundheit, Inklusion,
- Stipendien und Förderprogramme für aufstrebende junge Politiker; so nimmt die Kapital-Werbeorganistion World

Economic Forum (WEF) junge, vielversprechend aufsteigende Politiker und zunehmend für harte Politik auch besser einsetzbare Politikerinnen in das Young-Leaders-Programm auf, so etwa in ihren jungen Jahren einst Emmanuel Macron, Tony Blair, Justin Trudeau (auch mit Putin wurde es probiert, allerdings vergeblich). Aus Deutschland wurden etwa aufgenommen Angela Merkel, Annalena Baerbock, Olaf Scholz, Markus Söder, Jens Spahn und Karl Lauterbach[32] – hat sich ausgezahlt, auch für BlackRock, dessen Chef Fink ja im WEF-Leitungsgremium ist.

Und, ach so, da fehlt ja noch was, der »kritisch« vergleichsweise aufwendig erforschte Lobbyismus: Schauen Sie mal nach zum Beispiel im Lobbyregister des Bundestages und der Europäischen Union und bei den Initiativen, die schon seit Jahren Lobbyismus in Deutschland dokumentieren und anprangern. Da finden Sie einige derselben Kapitalisten, die Sie auch in der oben genannten Liste finden können.

Lobbyismus steht bei BlackRock nicht an an erster Stelle, wird aber selbstverständlich betrieben.

- So bespendet BlackRock zum Beispiel in den USA beide sich in der Regierung ablösenden Parteien, immer gleichzeitig: Es ist ja bekannt, dass eine politische Partei im Wahlkampf etwas verspricht, was dann nicht eingehalten wird. Dann wird diese Partei bei der nächsten oder übernächsten Wahl absehbar nicht mehr gewählt – und da muss dann die andere Partei, auch schon bespendet, bereit stehen.
- Über das Lobby-Büro in Washington bespendet BlackRock auch zwischen den Wahlkämpfen Abgeordnete des US-Kongresses, die in den für BlackRock wichtigen Ausschüssen sitzen und wichtige Entscheidungen vorbereiten.
- Über das ebenfalls gut ausgestattete Lobby-Büro in Brüssel hat BlackRock privilegierten Zugang zu den für BlackRock wichtigen

32 business-leaders.net/wef-young-leaders-die-liste-der-deutschen-teilnehmer/

Mitarbeitern der Europäischen Kommission und des Europäischen Parlaments.

- Über seine Mitgliedschaft im Leitungsgremium des Weltwirtschftsforums bestimmt BlackRock-Chef Laurence Fink mit, wer zu den hochbewachten, abgeschirmten Promi-Zusammenkünften im Schweizer Nobelkurort Davos eingeladen wird und welche Politiker und neuerdings immer mehr vielversprechende Politikerinnen eine Vorzugsbehandlung bekommen.
- Und in jeder wichtigen Kapital-Demokratie wie in den USA selbst, in Großbritannien, in Frankreich, in Deutschland holt sich BlackRock hochrangige Ex-Politiker, Ex-Banker als hochbezahlte Lobbyisten wie eben Friedrich Merz in Deutschland, den Ex-Chef der Schweizer Nationalbank, Philipp Hildebrand, den Ex-Finanzminister der Torys in Großbritannien, George Osborne.

Ukraine, zum Beispiel: Unsichtbare Todesopfer für die unsichtbaren BlackRock-Kunden

Mithilfe von Lobbyismus wollen Mächtige und Reiche Entscheidungen von Regierungen, Behörden, Parteien, Medien »beeinflussen«, so weit, so gut.

Aber für viele Entscheidungen muss BlackRock gar keine Entscheider in Regierungen, Behörden, Parteien, Medien »beeinflussen«. Denn BlackRock entscheidet in wichtigen Angelegenheiten selbst, ohne Einfluss nehmen oder um Erlaubnis bitten zu müssen:

- BlackRock entscheidet selbst, dass Briefkastenfirmen eingesetzt werden.
- BlackRock entscheidet selbst, in welchen Unternehmen und Banken das Kapital durch Kauf von Aktien angelegt wird.
- BlackRock entscheidet selbst, zusammen mit anderen, mit BlackRock verbundenen, führenden Aktionären eines Unternehmens, welches andere Unternehmen aufgekauft wird. So waren etwa BlackRock & Co. gleichzeitig die führenden Aktionäre bei Bayer in Deutschland und Monsanto in den USA, und sie beschlossen: Bayer kauft Monsanto, beide entlassen Beschäftigte, es wird ein Monopol gebildet, die Preise werden erhöht.

- Der deutsche Rüstungskonzern Rheinmetall beliefert die Ukraine und wird immer gewinnträchtiger und der Börsenwert steigt immer weiter – also entschied BlackRock: Wir kaufen immer mehr Aktien von Rheinmetall und machen uns zum größten Aktionär des Rüstungskonzerns: Der hat zwar seine Konzernzentrale in Düsseldorf/Deutschland, aber er ist nun ein US-Konzern, denn die nächstgrößten Aktionäre von Rheinmetall kommen inzwischen meist auch aus den USA, zum Beispiel an zweiter Stelle die Wall-Street-Bank Goldman Sachs, in der BlackRock ebenfalls zu den führenden Aktionären gehört. So weht vor der Düsseldorfer Rheinmetall-Zentrale die US-Flagge, Stars and Stripes.
- BlackRock entschied selbst, dass Staatsanleihen des völlig überschuldeten Staatsgebildes namens Ukraine übernommen werden, sodass BlackRock damit ein Erpressungsinstrument in der Hand hat, wenn es zur Rückzahlung kommt, zu der die Ukraine nach dem Krieg gar nicht fähig sein wird, sondern deshalb Zugeständnisse etwa bei der Vergabe von Bergbau-Lizenzen an westliche Investoren machen muss.
- So ist BlackRock seit Dezember 2022 der Koordinator für den »Wiederaufbau« der Ukraine und entscheidet darüber, welche westlichen Investoren (oder auch ein paar ukrainische Oligarchen) die Bergbau-Lizenzen für das Lithium bekommen und welche Investoren die ukrainischen staatlichen Energie-Unternehmen und die fruchtbare Schwarzerde kaufen können.

Und die namen- und gesichtslosen superreichen Kunden BlackRocks profitieren schon jetzt vom militärisch aussichtslosen, aber möglichst lange hingezogenen Stellvertreterkrieg in der Ukraine. Denn BlackRock ist führender Aktionär der für die Kriegslieferungen wichtigen US-Rüstungs- und Energiekonzerne, auch europäischer Konzerne, an denen BlackRock ebenfalls beteiligt ist.

Je länger der militärisch aussichtslose Krieg der Ukraine dauert, desto höher die Gewinne der BlackRock-Kunden. Und die Gewinne für den »Wiederaufbau« der

Ukraine werden umso höher sein, je mehr vorher profitabel zerstört wird.

Und nie sprechen BlackRock-Chef Fink und die Lieferanten des Kriegsmaterials über die Hunderttausenden getöteten Soldaten – darunter modern-westlich in der Ukraine auch besonders viele Soldatinnen: Sie werden auf dem Altar dieser »westlichen Werte« geopfert, werden ebenso unsichtbar gemacht wie die superreichen BlackRock-Profiteure.

Was möchte diese »Elite« erreichen?

Was diese »Elite« erreicht und weiter erreichen will, wurde soeben anhand der Ukraine deutlich. Mal nur als Beispiel.

Die (eigentlich bekannten) Ziele sind also folgende, nur zur Erinnerung und kurz zusammengefasst:

– möglichst hohe Gewinne herausholen,
– auch bei sogenannten Finanz- und Wirtschafts»krisen« weiterhin hohe Gewinne herausholen,
– bei Fehlspekulation und Insolvenz vom Staat gerettet werden,
– im Normalfall möglichst hohe staatliche Subventionen bekommen,
– dauerhaft möglichst niedrige Arbeitsentgelte zahlen zu müssen,
– im entfernten Ausland abhängig Beschäftigte noch besser ausbeuten dabei unentdeckt bleiben,
– möglichst geringe bis keine sozialen Verpflichtungen übernehmen,
– bei Gesetzesverletzungen – etwa bei Arbeits-, Finanz- und Umweltgesetzen – nicht oder möglichst gering bestraft werden,
– mit Werbung für ihre Maßnahmen zu Nachhaltigkeit und Umweltfreundlichkeit die Umwelt unbemerkt und straflos ausbeuten, schädigen und notfalls auch zerstören.[33]

Aber da haben wir doch eines der sehr, sehr wichtigen Ziele nur ganz kurz erwähnt – haben Sie es bemerkt?

33 Zu den Namen, Praktiken und dem Instrumentarium der führenden kapitalistischen Klasse in Deutschland, in der EU und in den USA siehe: Werner Rügemer, *Die Kapitalisten des 21. Jahrhunderts*

 Nein? Oder doch? Richtig: die Steuerflucht. Zur systemischen Asozialität dieser herrschenden kapitalistischen Black-Rock-Minderheit gehört sozusagen ganz natürlich, dass sie möglichst wenig Steuern bezahlt, am besten gar keine.

Übrigens: Bei aller dauerhaften, wiederholten Kritik an zu hohen Staatsausgaben äußern diese Kapitalisten und ihre öffentlichen Laut-Sprecher wie Friedrich Merz nie Kritik an den Militärausgaben, auch nicht wenn für teure, mörderische Stellvertreterkriege abhängiger Staaten wie der Ukraine und im Nahen Osten die Militärausgaben ständig erhöht werden, auch zulasten von Sozialausgaben und öffentlicher Infrastruktur.

Und auch bei aller dieser wiederholten Kritik an zu hohen Staatsausgaben äußern diese Kapitalisten und ihre Laut-Sprecher wie Friedrich Merz ebenfalls nie Kritik an den von ihnen gleichzeitig geforderten und von den westlichen Kapital-Regierungen gezahlten, immer höheren Staatssubventionen für die Rettung und Gründung von privaten Unternehmen.

»Renommierte« Autoren machen BlackRock unsichtbar

Das Nicht-Schreiben der »Soziologie der Elite« kann verschiedene Formen annehmen. Zum Beispiel: Bekannte Wissenschaftler und Journalisten nennen beim Thema Steuerflucht der Superreichen zwar Namen und Fakten – aber nur die unwichtigen. BlackRock & Co. und die von ihnen genutzten Finanzoasen und Briefkastenfirmen und Kunden bleiben völlig ungenannt, weiter unsichtbar. Hierzu einige ausgewählte Beispiele:

1) eine US-amerikanische Professorin,
2) eine deutsche Erfolgsautorin,
3) ein bekanntes deutsches Wirtschaftsmagazin.

1) Die US-amerikanische Soziologin Brooke Harrington

Brooke Harrington ist eine junge Professorin für die Soziologie der Wirtschaft am Dartmouth College in New Hampshire/USA, zugleich zertifizierte Vermögensverwalterin. Sie berät unter anderem die OECD und das Europäische Parlament – so stellt sie der Verlag als Autorin des Buches *Offshore. Wie Vermögensverwalter Reichtum tarnen* vor.[34]

Wie Vermögensverwalter Reichtum tarnen: Das ist doch genau das Buch zu BlackRock! Könnte man meinen. Harrington kennzeichnet den US-geführten Kapitalismus zutreffend, erst mal folgendermaßen:

– Die USA ist die größte Finanzoase der Welt »mit dem größten Steuergeheimnis für Vermögende«.
– Dieser Kapitalismus ist »gesichtslos«, weil die Vermögenden durch *Offhsore*, also mithilfe von Finanzoasen, unsichtbar, namenlos, gesichtslos gemacht werden,
– Dieser Kapitalismus spaltet die Gesellschaft noch mehr als vorher in Arm und Reich und »geht mit dem Niedergang der Demokratie einher«.
– Finanzoasen sind Staaten, aber unselbstständig, abhängig vom großen Kapital. Als Beispiel zieht Harrington die führende Finanzoase in der EU heran, den Staat Luxemburg: Er, wie andere solche Staaten, »hat seine Souveränität an multinationale Konzerne verkauft«.

Ja, sehr gut, alles richtig! Die Frau kennt sich aus – könnte man meinen. Aber: Als Finanzoase beschreibt Harrington am ausführlichsten die Bahamas (»Zombiekapitalismus«). Auf Luxemburg kommt sie nicht mehr zurück. Dann nennt sie unter anderem noch die Bermudas, Malta, die Cook-Inseln, die Britischen Jungferninseln, Mauritius, Panama – das sind aber alles genau die Finanzoasen, die BlackRock & Co. *nicht* nutzen. Denn BlackRock &

34 Brooke Harrington: Offshore. Frankfurt/New York 2024

Co. nutzen Delaware, die Cayman Islands, Singapur, Kanada, die Niederlande und ja, auch Luxemburg, aber Luxemburg bringt Harrington nie mit BlackRock in Verbindung.

Und als Nutzer führt die US-»Wissenschaftlerin« und EU-Beraterin namentlich unter anderem die Rothschilds, immer wieder russische Oligarchen, als »Verdachts«fall auch Putin an – aber nie zum Beispiel den Präsidenten der Ukraine, Wolodymyr Selenskyj, dem die Nutzung von Briefkastenfirmen in den Pandora-Papers nachgewiesen wurde.

Und nie wird BlackRock genannt, der bei Weitem größte Nutzer von Finanzoasen!

2) Die deutsche Erfolgsautorin Julia Friedrichs

Crazy Rich – Die geheime Welt der Superreichen heißt der Titel des Buches von Julia Friedrichs. Die Autorin hatte 2007 den Axel-Springer-Preis für junge Journalisten und gleich noch den Ludwig-Erhard-Förderpreis erhalten: Sie hatte das auch in etablierten Milieus entdeckte Thema der irgendwie um sich greifenden Armut in einer TV-Reportage behandelt: »Abgehängt – Leben in der Unterschicht«.

Mit *Crazy Rich* wollte Friedrichs tatsächlich »eine Soziologie der Superreichen« schreiben.[35] Dazu traf sie eine Reihe von Multimilliardären persönlich, die sie in ihren Privatjets und zu ihren Luxusresidenzen mitnahmen, so der Biontech-Großaktionär Strüngmann, der Immobilienunternehmer und CDU-Großbespender Christoph Gröner, der Oppenheim-Erbe Thomas Bscher. Friedrichs traf auch deren Rechtsanwälte und Steuerberater, die selbst Millionen mit-verdienen, um die Milliardenvermögen ihrer

35 Julia Friedrichs: *Crazy Rich – Die geheime Welt der Superreichen*. Berlin/München 2024, Seite 85; das Buch beruht auf der im ZDF ausgestrahlten TV-Reportage »Die geheime Welt der Superreichen – Das Milliardenspiel«.

Herren zu optimieren – dazu gehört auch die Senkung der Steuer auf Null.

Aber Friedrichs trifft nie die größten Vermögensverwalter – und sucht sie nicht einmal. Die größten Organisatoren der Steuerflucht in den über 100 größten Aktiengesellschaften Deutschlands, also BlackRock & Co. – davon hat sie nie gehört. Das sagen ihr auch nicht die »Wissenschaftler«, die sie aufsucht, so Prof. Jens Beckert, Direktor des Max-Planck-Instituts für Gesellschaftsforschung in Köln, der die bisherige Blindheit der Soziologen beklagt und den Forschungsbereich »Vermögen und soziale Ungleichheit« eingerichtet hat.

Und Friedrichs lobt natürlich auch die US-Soziologin Brooke Harrington: Die sei ja »in alle Zentren des Finanzkapitalismus« gereist und habe sich vor Ort die Steuerflucht angesehen, nämlich auch auf den Cook-Inseln, auf den Seychellen, auf Mauritius – also genau da, wo BlackRock & Co. gar nicht sind. Von Delaware, den Cayman Islands, Singapur usw. keine Rede – das Nichtwissen, die Verdrängung lässt sich die deutsche Plapper-Journalistin von der US-Soziologin bestätigen.

Und Friedrichs erfährt auch nichts, als sie für ihre TV-Dokumentation als »Journalist in Residence« am Cluster »The Politics of Inequality« der Universität Konstanz »wissenschaftlich« gesponsert wird. So plappert sie aus kuscheliger Nähe vom Reichtum. Sie enthüllt keinerlei Geheimnisse, sondern modernisiert mit ein paar aktuellen Multimilliardären das populistische Reichtums-Geplapper von *BILD*, wo es bei Bedarf immer noch um die alten Multimilliardäre, die Piechs, Henkels, Quandts und Oetkers, geht.

3) Die Unternehmer-Postille WirtschaftsWoche

Es ist vielleicht billig, eine US-amerikanische Soziologin und eine Springer-geehrte Journalistin als Beispiele für Lügnerinnen zu nehmen. Nehmen wir deshalb eine der ebenso »renommierten« wie lügenhaften

 Unternehmer-Postillen in Deutschland, die sich mit »der Wirtschaft« (angeblich) besonders gut auskennen. Nehmen wir die *WirtschaftsWoche*, die zum Medien-, Werbe- und Veranstaltungskonzern Handelsblatt Media Group GmbH[36] gehört. Diese Zeitschrift hat im Oktober 2024 einen einschlägigen Artikel veröffentlicht: »Wie mächtig ist der amerikanische Fondsgigant BlackRock?« – so lautet der Titel. Das klingt nach Kritik und Faktengehalt.

Autorin des Artikels ist Julia Groth, stellvertretende Ressortleiterin Finanzen & Immobilien. Der Anlass für den Artikel, so die Autorin, sei die Anfrage eines Lesers gewesen: »Wie nutzt BlackRock diese Machtfülle? Versucht er etwa, die Politik zu lenken?« Also hat die Redaktion offensichtlich ein wachsendes Interesse im Publikum an BlackRock bemerkt.[37]

Die Bezeichnung BlackRocks in der Überschrift als »Fondsgigant« suggeriert Kritik, die auf die Anfrage des Lesers eingeht. Aber die angedeutete Kritik verwandelt sich im Lauf des Artikels in Falschdarstellung: Die 10 Billionen US-Dollar, die BlackRock »unter Verwaltung« habe, seien ja »nur treuhänderisch für die Anleger«, so Groth. Deshalb habe BlackRock hier eigentlich gar kein eigenes Interesse. Als gelegentlich größter Aktionär in einem deutschen Unternehmen könne es aber schon mal dazu kommen, dass BlackRock das Unternehmen »auch in eine gewünschte Richtung drängt«. Dass BlackRock für seine Anleger, auch in Konkurrenz zu anderen Vermögensverwaltern, auf eine möglichst höhere Dividenden drängt, das wird verschwiegen.

Vor allem wird verschwiegen: BlackRock versteckt seine Anleger in Briefkastenfirmen in Finanzoasen

36 Alleinige Anteilseignerin der Handelsblatt Media Group ist wiederum die von Dieter von Holtzbrinck gegründete DvH Medien GmbH.

37 Julia Groth, »Wie mächtig ist der amerikanische Fondsgigant BlackRock?«, in: *WirtschaftsWoche*, 18. Oktober 2024

zwischen Delaware, den Cayman Islands, Singapur und Luxemburg.

Dann nennt Julia Groth neben der treuhänderischen, als interesselos dargestellten Verwaltung der Anlegergelder noch BlackRocks »eigene Interessen«. Dafür beschäftige BlackRock Lobbyisten in Brüssel, für Treffen mit EU-Politikern und Mitgliedern der EU-Kommission, etwa wenn es um »Nachhaltigkeit« und um den »Wiederaufbau in der Ukraine« gehe. Und das alles könne man genau im Transparenzregister der EU nachlesen.

Fazit von Julia Groth: »BlackRock ist also mächtig, aber auch reguliert und zu Transparenz verpflichtet.« Das ist eine doppelte Lüge: BlackRock ist weder reguliert noch zu Transparenz im Bereich Steuerflucht verpflichtet.

Steuerflucht: Gefährlich für Demokratie, Wohlstand und Frieden

Die immer geringere Besteuerung der Bestverdiener und vor allem der Superreichen und damit die immer höhere, nicht mehr rückzahlbare Verschuldung des Staates sind gefährlich, für alle Bereiche der Gesellschaft.

Die Volkswirtschaft verarmt – Gewinne und Börsenwerte steigen

Deutschlands Volkswirtschaft wird verarmt, wird deindustrialisiert. Die großen Aktiengesellschaften wie Adidas, Airbus, Audi, Bayer, Baywa, BASF, Bosch, Brenntag, Continental, Covestro, Deutsche Bank, Deutsche Telekom, Siemens, Thyssen-Krupp, SAP, VW, Zalando usw.: Überall werden Abteilungen ins Ausland verlagert, werden Beschäftigte entlassen, bestenfalls in den schlechter bezahlten Vorruhestand geschickt. Die Kaufkraft sinkt.

Aber die Gewinne für die Aktionäre bleiben hoch, vielfach steigen sie sogar: Der DAX »knackt zum ersten Mal die Marke von 20.000 Punkten«, die Börsenwerte steigen, so feiern es die direkten Kapitalmedien wie *Handelsblatt, FAZ, Süddeutsche, ZEIT, Welt*, aber auch die regionalen privaten Massenblättchen und auch die privaten wie die öffentlich-rechtlichen Sender, die Dividenden steigen und mit Zustimmung von BlackRock auch die Boni an die Vorstände[38] – und das mitten im wirtschaftlichen Niedergang, und am meisten im »reichen« armen Deutschland.

Laut OECD ist der gefeierte »Exportweltmeister« Deutschland, Europas »größte Wirtschaftsmacht«, jetzt das Schlusslicht aller Industrieländer, weit hinter Indien, Russland, China, Indonesien, Türkei, und sogar auch noch ein gutes Stück hinter den in der Mitte dahinsiechenden USA, die von BlackRock & Co. mithilfe der Demokraten-Regierungen von Barack Obama, Joe Biden und Kamala Harris ebenfalls volkswirtschaftlich stark geschädigt wurden.[39]

Deutschland, nach dem Zweiten Weltkrieg angeblich der »beste Freund Amerikas«, wurde seit der deutschen Vereinigung 1990 und dann beschleunigt seit der von BlackRock & Co. in den USA verursachten Finanzkrise zum am meisten degradierten, entmachteten, verarmten Staat.[40]

Und BlackRock ist mit Aktienanteilen und ETFs überall bei diesem Abbau und den Gewinnen und steigenden Börsenwerten dabei, zugunsten seiner Kapitalgeber.

Finanzaufsicht und Justiz sind BlackRock unterlegen

Durch diese Steuerflucht wird der Staat geschwächt, kann seinen Aufgaben in einer Demokratie nicht mehr nachgehen. Die Steuereinnahmen reichen nicht mehr für

38 »Gehaltsrekord für Vorstände«, in: *FAZ*, 14. November 2024

39 »OECD: Real growth projections for 2024,2025 and 2026«, in: *Economic Outlook*, Dezember 2024

40 Werner Rügemer, *Verhängnisvolle Freundschaft. Wie die USA Europa eroberten*, Köln 2024

die selbstverständlichsten Leistungen im Interesse der Mehrheitsbevölkerung.

Deshalb muss der Staat sich noch mehr verschulden, und zu den Schulden kommen dann noch die zusätzlichen Ausgaben für die Zinsen hinzu: In Deutschland waren das im Jahr 2023 insgesamt 48,3 Milliarden Euro, aufgeteilt auf den Bund (37,6 Milliarden), auf die Bundesländer (7,7 Milliarden) und auf die Kommunen (3 Milliarden).[41]

Während nach US-Vorbild die staatliche Verfolgung von Kleinkriminellen zunimmt und mit ihnen die Gefängnisse gefüllt werden, bleiben kapitalistische Straftäter und ihre Mittäter und Mitwisser unter dem Radar.

So ist auch die für die Praktiken von BlackRock zuständige Infrastruktur unterbesetzt. Die staatliche Finanzaufsichtsbehörde BaFin kommt weder personell noch technologisch mit, um die vielen spekulativen Käufe und Verkäufe von Aktien zu kontrollieren, die nach dem Wertpapier-Handelsgesetz gemeldet werden müssen. Bei den ganz seltenen, aufwendigen Stichproben wird höchstens mal nachgewiesen, dass BlackRock das Gesetz verletzt hat, durch falsche und zu späte Meldungen. BlackRock zahlte bisher einmal ein Bußgeld von 3,25 Millionen Euro, schnell aus der Portokasse, ganz unauffällig – und das war es dann.[42]

Cum-Ex: Keine Ermittlungen gegen BlackRock

Zum BlackRock-Geschäftsmodell gehört auch das ständige Verleihen von Aktien an Dritte. Die milliardenschweren Cum-Ex-Betrügereien durch Superreiche, die Aktien für kurze Zeit ausleihen und vom Finanzamt Steuern erstattet bekommen, wurden durch dieses Modell möglich.

41 *de.statista.com* [abgerufen 7. Dezember 2024]
42 Werner Rügemer, *Die Kapitalisten des 21. Jahrhunderts*, S. 27

Der Rolle von BlackRock bei Cum-Ex wurde aber nie konsequent nachgegangen. Die Kölner Staatsanwaltschaft hatte zwar 2018 in der Münchner BlackRock-Filiale wegen Cum-Ex eine Razzia durchgeführt.[43] Aber es wurde nie zu Ende ermittelt, schließlich wurde die Chefermittlerin Anne Brorhilker durch den grünen Justizminister des Bundeslandes NRW behindert, Brorhilker schied unter Protest aus dem Staatsdienst aus.[44]

Betrugskonzern Wirecard: BlackRock ist kein Thema

Wirtschaftskriminelle, selbst wenn sie hohe staatliche Verluste verursachen, werden fast nie oder nur in verschwindend wenigen Einzelfällen bestraft. Das gilt zum Beispiel für Wirtschafts»prüfer« wie Ernst&Young (EY), die auch beim Betrugskonzern Wirecard jahrelang falsche Testate vergeben haben, gegen Millionenhonorare. BlackRock als Großaktionär bei Wirecard wie auch bei den Wirecard-Kreditgebern und bei der Ratingagentur Moody's blieb unbeachtet. Übrigens: Nicht zuletzt BlackRock und seine namen- und gesichtslos gemachten superreichen Kunden – als Aktionäre von Wirecard – profitieren ebenfalls davon.[45]

Weitere Folgen der Reichen-Steuerflucht für die Bevölkerung

– Die staatliche Deutsche Bahn (DB) ist marode, was Gleise, Stellwerke, Oberleitungen betrifft; selbst in den ICE-Zügen bleiben Eingangs- und Toilettentüren dauerhaft unrepariert, in den Zugrestaurants fallen Kaffeemaschinen, Kühlung und Beleuchtung aus. Die Vorstands- und Managerposten der DB sind überbesetzt und überbezahlt, aber bei den Lokführern und Bahnarbeitern fehlen

43 »Razzia bei BlackRock – Staatsanwaltschaft durchsucht Münchner Büros«, in: *Handelsblatt*, 6. November 2018

44 »Chefermittlerin bei Cum-Ex wirft hin – und rügt die Politik«, in: *Süddeutsche Zeitung*, 11. April 2024

45 Werner Rügemer: BlackRock & *Co. enteignen!*, Frankfurt/Main 2023

Fachkräfte. Stundenlange Verspätungen sind die Regel, vor allem wenn man ein- oder zweimal umsteigen muss; Menschen kommen zu spät zur Arbeit, in den Kindergarten, in die Schule.

- Etwa 10.000 Brücken in Deutschland, die aus dem Schnell-»Wiederaufbau« nach dem Zweiten Weltkrieg stammen, sind marode, werden nur vereinzelt und wenn, jahrelang saniert, müssen gesperrt oder auf nur eine Fahrspur verengt werden; Umwege kosten die Bürger und Unternehmen Zeit und Geld, und für die Umwege wird noch mehr Umwelt, Atmosphäre, Wasser und Boden geschädigt.
- In Schulen, Kindergärten, in den Jobcentern und in den Behörden, die etwa für Wohngeld, Baugenehmigungen zuständig sind, fehlt Personal, Entscheidungen dauern viele Monate; bei Gerichten dauern auch einfache Verfahren jahrelang, viele werden ergebnislos eingestellt (Ausnahme: Fälle, bei denen es um sexuellen Missbrauch geht).
- Vor allem Frauen werden zu Teilzeitarbeit gezwungen, weil Kita-Plätze und Nachmittagsbetreuung in Schulen fehlen. Ausbildung in wichtigen Berufen wie für Pflege, Krankenbetreuung und für Fachkräfte in der Industrie fehlt – Niedriglohn-Fachkräfte aus Indien und Argentinien sollen Ersatz schaffen.
- Die radioaktiven Abfälle aus den stillgelegten Atomkraftwerken liegen in 16 Zwischenlagern, teilweise in maroden ehemaligen Bergwerken, teilweise ungenehmigt. Das Endlager soll jetzt bis 2074 (!) gefunden werden.
- Neben dem Internet besteht das Darknet, ein bekannter Standort für zahlreiche Betrügereien und auch Verbrechen: Der deutsche Staat kennt sich nicht aus, will zwar möglichst alle Behörden, Schulen, Universitäten, das Gesundheitssystem digitalisieren – aber der Staat kann den Digital-Standort Darknet nicht schließen.
- Großprojekte wie der Bahnhof Stuttgart (Stuttgart21), die Windkraft-Stromleitung A-Nord von der Nordsee, der Flughafen Berlin, der Rückbau der stillgelegten AKWs, die Sanierung des Kölner Opern- und Theaterhauses und auch Renommier-Hochhäuser betrügerischer Investoren wie René Benko ziehen sich jahrzehntelang hin, verteuern sich unkalkulierbar.

– Durch das von BlackRock & Co. organisierte, einmalig große Wohnungsmonopol in Deutschland – Vonovia, Deutsche Wohnen, LEG – werden Mieten, Nebenkosten und auch die Preise für Eigentumswohnungen hochgeschraubt: Gerade jetzt müssten der Staat, die Bundesländer, die Kommunen öffentlich regulierte Sozialwohnungen bauen – aber nichts dergleichen geschieht. Sogar private Miet- und Eigentumswohnungen werden viel zu wenig gebaut, die bestehenden werden ebenfalls verteuert, die Obdachlosigkeit steigt. Und das in monatelangen Verfahren dann doch genehmigte staatliche Wohngeld landet über BlackRock & Co. bei deren unbekannten superreichen Kapitalgebern.[46]

46 Zur De-Industrialisierung Deutschlands und zur verfallenden sowie zugleich verteuerten Infrastuktur siehe: Werner Rügemer, »EU: Ausweg aus dem gefährlichen Vasallen-Status«, in: *Hintergrund*, Nr. 11-12/2024; zum Verfall des Bildungssystems siehe: Tim Engartner, *Raus aus der Bildungsfalle. Warum wir die Zukunft unserer Kinder gefährden*, Frankfurt/M. 2024

TEIL II

BlackRock-Lobbyist Merz will Bundeskanzler werden

Deutschland ist der erste Staat in der EU, in dem ein BlackRock-Lobbyist Vorsitzender der größten Partei wurde und nun auch Regierungschef werden will. Sicher, in Frankreich wurde der Banker Emmanuel Macron Staatspräsident. Er war sogar Miteigentümer der Bank Rothschild, in der er eine Führungsposition hatte – aber was ist diese alte, kleine Bank, Überbleibsel einer lange vergangenen Zeit, gegen BlackRock, den jetzt führenden Kapitalorganisator des ganzen, ungleich größeren und mächtigeren US-geführten Kapitalismus?

Von US-»Heuschrecken« zu BlackRock
Friedrich Merz, Rechtsanwalt, stieg in der CDU als Abgeordneter bis zum Vorsitzenden der Bundestagsfraktion auf. 2004 trat er als Fraktionsvorsitzender zurück, blieb aber bis 2009 Abgeordneter, nahm aber gleichzeitig seine Tätigkeit als Unternehmeranwalt wieder auf. Über das Jahr 2009 hinaus blieb er zudem in der Leitung des CDU-Wirtschaftsrats und Vorsitzender der US-treuen »Atlantikbrücke«.

2005 wurde er Miteigentümer der deutschen Filiale der US-Unternehmerkanzlei Mayer Brown mit Sitz in Düsseldorf. Er verdiente also nicht nur durch die eigenen anwaltlichen Aufträge, sondern war zusätzlich am Gewinn der Kanzlei beteiligt.

Berater beim Ausverkauf des deutschen Mittelstands
Er beriet US-Private-Equity-Investoren (»Heuschrecken«) beim ruinösen Aufkauf deutscher Mittelstandsunternehmen: Dies war durch die »Agenda 2010« der Bundesregierung unter Gerhard Schröder/SPD und Joschka Fischer/Grüne eingeleitet worden, durch

Steuervergünstigungen für die Unternehmen und zusätzlich für die US-Investoren durch die Niedriglöhnerei der vier Hartz-Gesetze (erweiterte Leiharbeit, befristete und Teilzeitarbeit, Minijobs, Disziplinierung der Arbeitslosen).

In Aufsichtsräten von Großkonzernen

Mit dem Ausverkauf des Mittelstands untergrub CDU-Politiker Merz eigentlich eine wesentliche Basis seiner Partei: »Wir sind die Partei des deutschen Mittelstands.« Aber er strebte nach Höherem. So war er über ein Jahrzehnt lang gleichzeitig gut bezahltes Mitglied in bis zu elf Aufsichtsräten von großen Unternehmen, so im Versicherungskonzern AXA, bei BASF, Commerzbank, Deutsche Börse, Bank HSBC Trinkaus, Interseroh, IVG Immobilien, WEPA Industrieholding, Flughafen Köln/Bonn sowie in den Schweizer Unternehmen DBV Winterthur und Stadler Rail. Bei Stadler etwa bekam er zusätzlich zu den Tantiemen noch 150.000 Aktien, die dann beim Börsengang 5,7 Millionen Euro wert waren.

»Mehr Kapitalismus wagen!«

2008 veröffentlichte er das Buch *Mehr Kapitalismus wagen.*[47] Darin lobte er die staatliche Rettung der Banken und dass der DAX trotzdem oder deswegen neue Höhenflüge vollzog. Außerdem müssten die Deutschen endlich mal verstehen, dass Kapitalismus die einzig gute Wirtschaftsform sei und dass »die Leistungseliten eine neue Verantwortung« übernehmen sollten.

Zu dem »Mehr-Kapitalismus«, den die Deutschen mal richtig lernen müssten, gehören folgende Forderungen von Merz:

47 Friedrich Merz, *Mehr Kapitalismus wagen. Wege zu einer gerechten Gesellschaft*, München 2008

- Kein gesetzlicher Mindestlohn!
- Gewerkschaften müssen sich aus den Betrieben zurückziehen!
- Die Arbeiter sollen Aktien kaufen, statt höhere Löhne zu fordern!
- Das Arbeitslosengeld kürzen!
- Privatisierung der Sozialversicherungen!
- Private Aktienrente nach dem BlackRock-Konzept!
- Die Mehrwertsteuer erhöhen!
- Steuern für Gutverdiener weiter senken!

Außerdem vertritt Merz die Meinung, dass Privatschulen besser sind als staatliche (sein Paradebeispiel ist die International School Ruhr, bei der das monatliche Schulgeld 1.200 Euro beträgt). Dasselbe gilt ihm zufolge für private Universitäten (allen voran die Elite-Universität Harvard).

Doppelt verdient gemacht für BlackRock
Mit seinen CDU-Beziehungen und diesem Raubtier-Kapitalismus-Programm, das Merz seinerzeit außerhalb öffentlich-politischer Funktionen frei aussprechen konnte – damit hatte er sich auch für BlackRock verdient gemacht.

Seit etwa dem Jahr 2000 waren die von Merz beratenen »US-Heuschrecken« in Deutchlands Mittelstand eingefallen – aber mit der Finanzkrise zum Zeitpunkt von Merz' »Mehr Kapitalismus wagen«-Forderung, da kamen dann die ganz großen US-Investoren wie BlackRock: Sie kauften nicht den sowieso schon ausgeplünderten Mittelstand, sondern machten sich selbst schrittweise zu den führenden Aktionären in den gut hundert wichtigsten Unternehmen in Deutschland, im DAX, im MDAX und im SDAX.

Und dafür holte sich BlackRock Merz 2016 als seinen Top-Lobbyisten in Deutschland, und das in aller Stille. Ohne Öffentlichkeit wurde er Vorsitzender des Aufsichtsrats der BlackRock Deutschland AG. Zur Aufbesserung seiner Einkünfte bekam er einen Beratervertrag dazu. Die Aufsichtsrats-Tantiemen betrugen bescheidene 150.000 Euro, über die Höhe des Beratervertrags wird bis heute eisern Stillschweigen gewahrt. Der Vorstandschef der BlackRock Deutschland AG beschrieb Merz' Aufgabe so: Er sollte eine »weiter gefasste Rolle einnehmen, in der er die Beziehungen mit wesentlichen Kunden, Regulierern und Regulierungsbehörden in Deutschland für BlackRock fördern wird«.[48]

Als Merz 2020 CDU-Vorsitzender werden wollte, wurde erstmals in einigen Leitmedien ein bisschen über seine Rolle als BlackRock-Lobbyist berichtet. Das war für BlackRock wie für Merz zu viel: Als Politiker, der jetzt Millionen unzufriedene Wähler christlich-marktwirtschaftlich umgarnen sollte, wäre die BlackRock-Bindung ungünstig gewesen.

Warum der wendige Polit-Christ von BlackRock zurücktrat

Also trat der wendige Populist zurück. Wobei christlich lackierte Politiker und Politikerinnen immer schon, direkt und indirekt, den verschiedensten Kapital-Herren gedient haben, ohne sie namentlich zu nennen – Adenauer, Mussolini, Franco sind bekanntere Exemplare dieser Spezies, die immer auch den Segen ihrer katholischen Kirchen und des Vatikans bekamen.[49]

Auch nach seinem formellen Rücktritt als Vorsitzender des Aufsichtsrats der BlackRock Deutschland AG verfolgt Merz natürlich keine anderen Ziele als vorher – er muss sie aber als öffentlich um Zustimmung und Wähler werbender Politiker und CDU-Vorsitzender anders verfolgen, anders darstellen. Als Lobbyist war er öffentlich

48 *Lobbypedia*: Friedrich Merz [abgerufen 10. Dezember 2024]
49 Vgl. Werner Rügemer, *Verhängnisvolle Freundschaft*, Köln 2023

unsichtbar, konnte und musste in gepflegten Hinterzimmern für seinen Auftraggeber »Tacheles« reden – als Politiker und Wahlkämpfer dagegen muss er öffentlich auftreten, muss er sich anders ausdrücken. Er darf weder die BlackRock-Gewinnpraktiken offenlegen noch die superreichen BlackRock-Kunden beim Namen nennen, sondern muss – aber auch dies im Sinne BlackRocks – den abhängig Beschäftigten, den Rentnern, dem Mittelstand, den Kommunen Versprechungen machen, auch wenn er sie dann gar nicht einhalten können wird.

Erst deutscher Mittelstand, dann »Heuschrecken«, dann BlackRock

Merz ist tatsächlich ein äußerst brauchbarer Kapital-Vertreter, extrem flexibel, populistisch, je nach den Umständen:

- Als CDU-Politiker vertrat er zunächst die Interessen des »deutschen Mittelstands« und der »deutschen Wirtschaft«.
- Dann nach seinem Ausscheiden aus dem Bundestag und aus der CDU-Politik vertrat er als Miteigentümer der US-Wirtschaftskanzlei Mayer Brown die Interessen der ab etwa dem Jahr 2000 in Deutschland eindringenden US-Private-Equity-Investoren, die Tausende deutsche, nicht börsennotierte Mittelstandsfirmen aufkauften und wegen ihrer rabiaten Methoden den Beinamen »Heuschrecken« bekamen.[50]
- Aufgrund dieser Erfolge wurde Merz dann vom allergrößten US-Investor, BlackRock, angeheuert: Der kaufte jetzt nicht mehr den kleinen deutschen Mittelstand, sondern Aktienanteile in den ungleich größeren, wichtigeren, gewinnträchtigeren Aktiengesellschaften wie Siemens, Vonovia, Bayer und Deutsche Bank.
- Und Merz hat sich nach seinem formellen Rücktritt als BlackRock-Funktionär wieder gut und rasch in seine neue Rolle als CDU-Politiker eingearbeitet, um öffentlich jetzt den Namen BlackRock überhaupt nie mehr in den Mund zu nehmen. Er kann das.

50 Werner Rügemer, *Die Kapitalisten des 21. Jahrhunderts*, S. 74ff.

Wer ist Merz' Nachfolger bei BlackRock?

BlackRock ernannte sofort einen Merz-Nachfolger, einen hochrangigen Banker, der – wie Merz die längste Zeit – öffentlich so unsichtbar und unbekannt blieb bis heute. Kennen Sie ihn nicht? Suchen Sie ihn, es ist ganz leicht – mit zwei Klicks bei *Google* finden Sie ihn!

Übrigens: Merz erklärte wie sein oberster Ex-Chef Larry Fink: Mir ist egal, wer in den USA an der Regierung ist, ich kann mit beiden Parteien (die ja beide von BlackRock & Co. bespendet werden). Bundeskanzlerkandidat Merz sondierte deshalb Ende 2024 in den USA seine »Deals« mit Trump über »Deutschlands neue Führungsrolle«.[51]

Und Merz war vorher in der Ukraine, wo BlackRock den »Wiederaufbau« der Ukraine koordiniert. Wie gesagt: BlackRock kann mit allen (kapitalfinanzierten) Parteien, und Merz kann das auch.

Der Deutschland-Chef von BlackRock, Dirk Schmitz, lobte Merz im oben zitierten Interview nicht nur für seine Lernbereitschaft (»hat sich rasch in unser Geschäftsmodell eingearbeitet«), sondern auch dafür, dass er nach US-Vorbild die Politik noch viel direkter mit Unternehmensinteressen verbindet, nämlich mithilfe des »Drehtür-Effekts« *(revolving door)*, »dass Leute viel häufiger aus der Politik ins Wirtschaftsleben gehen oder aus dem Wirtschaftsleben in die Politik. In den USA ist das sehr viel mehr verbreitet.«[52]

Armer Multimillionär:
Zwei Privatjets, Villa am Tegernsee ...

Natürlich ist der direkte wie indirekte BlackRock-Handlanger Merz ein armes kapitalistisches Würstchen, etwa im Vergleich zum BlackRock-Chef, dem Multimilliardär Larry Fink.

51 »Merz will ›Deals‹ mit Trump und neue deutsche Führungsrolle«, in: *Spiegel*, 10. 11. 2024
52 *Süddeutsche Zeitung*, 11. November 2024

So ein bisschen abgekriegt hat Merz aber schon vom großen kapitalen Kuchen, auch mithilfe von BlackRock. So konnte er zum Beispiel mit einem seiner zwei Privatjets zur Promi-Insel Sylt fliegen, wo sein Porsche-Fahrer-Freund Christian Lindner, der FPD-Vorsitzende und damals noch bundesdeutsche Finanzminister, zu seiner Hochzeit eingeladen hatte, in ein kleines christliches Promi-Kirchlein.

Und vom einen Promi-Idyll geht es schon zum nächsten, ganz weit weg vom Sauerland. Den noch nicht über »Mehr Kapitalismus« richtig aufgeklärten deutschen Wählern musste sich der kleine Multimillionär Merz nach Aufdeckung seiner BlackRock-Funktion als Angehöriger des »gehobenen Mittelstands« ausgeben, der in seiner biederen Heimatregion Sauerland seinen bodenständigen Wohnsitz und seinen Wahlkreis hat.

Natürlich lügt Merz. Seit vielen Jahren hat er nebenbei, für wichtige Treffen, eine Villa an *dem* bayerischen Promi-Standort, dem idyllischen Tegernsee, inmitten der Villen von Superreichen wie dem Illustrierten-Verleger Hubert Burda und den Multimilliardären Andreas und Thomas Strüngmann, denen mit jeweils 12,2 Milliarden Euro 50 Prozent des Impfstoff-Konzerns Biontech gehören. Auch Nachbar Alischer Usmanow störte ihn nicht, der russische Oligarch und »Putin-Freund«. Der ehemalige deutsche Nationaltorwart Manuel Neuer vom FC Bayern München hat dort auch seine etwas kleinere Residenz, die 10 Millionen Euro gekostet hat. Für die Privatjets der Tegernsee-Promis wie Merz steht der naturnah-idyllische kleine Flugplatz Warngau bereit, gleich um die Ecke.[53]

53 »Das Politikum vom Tegernsee«, in: *Süddeutsche Zeitung*, 9. März 2022

Vom Tegernsee nach Sachsen:
Das AfD-Programm übertrumpfen

Das *Handelsblatt* als Vorkämpfer der Merz-Parole »Mehr Kapitalismus wagen« berichtet über das wichtige Privatleben ihres Vorzugs-Politikers: »Am Tegernsee erholt sich der CDU-Chef seit vielen Jahren regelmäßig im Familiendomizil. Hier klopft das ›Paradies‹ an. Der Sauerländer Merz hat in dieser Kulisse schon runden Geburtstag gefeiert, seine Freunde ins Haus am Tegernsee geladen.«[54]

So macht sich Merz hier auch fit für den Wahlkampf, wie etwa im Oktober 2024 in Sachsen. Dort gab Merz dann an die braven Sachsen Freigetränke und Bratwurst aus, hetzte gegen die AfD und versprach den noch konsequenteren Kampf gegen Flüchtlinge.

54 »Kanzlerkandidatur: Die Entscheidung«, in: *Handelsblatt*, 1. September 2024

TEIL III

BlackRocks Geschäft in Deutschland mit Briefkastenfirmen

In Deutschland gibt es 3,1 Millionen steuerpflichtige Unternehmen. Davon sind allerdings 1,9 Millionen sogenannte Einzelgewerbetreibende, also Einzelpersonen, einzelne Selbstständige, zu denen bekanntlich immer mehr Schein-Selbstständige zählen, die von Unternehmen, auch etwa von staatlichen und privaten Kultureinrichtungen, zu diesem Status gezwungen werden und dann prekär arbeiten und leben müssen. Daneben gibt es 428.000 GmbHs und weitere Rechtsformen für Klein- und Mittelunternehmen.[55] Ihre Eigentümer gehören nicht zur herrschenden kapitalistischen Klasse.

Kapitalisierung Deutschlands: Erst mit der CDU, dann mit der SPD und den Grünen

Die wichtigsten und größten Unternehmen sind allermeist Aktiengesellschaften (AGs). Davon gibt es in Deutschland 7.696.

Die marktbeherrschenden AGs sind in vier Gruppen zusammengefasst, die nach ihrem Markt- und Börsenwert hierarchisch geordnet sind und den *Prime Standard* der Aktiengesellschaften in Deutschland bilden:

1. DAX: 40 AGs
2. MDAX: 50 AGs
3. TecDAX: 30 AGs
4. SDAX: 70 AGs

Diese vier Gruppen zeigen die schrittweise Kapitalisierung der Bundesrepublik Deutschland:

55 » Anzahl der börsennotierten Unternehmen in Deutschland 1975 – 2022«, *de.statista.com* [abgerufen 5. Dezember 2024]

- Der DAX wurde als Erster gegründet, 1988 unter der CDU-geführten Regierung mit dem Bundeskanzler und brav deutschkapitalen BASF-Lobbyisten Helmut Kohl. Dabei war der DAX »nur« die staatliche Aufwertung und Institutionalisierung des Börsenindex der privaten *Börsenzeitung*, die 1952 mithilfe von Deutscher Bank, Dresdner Bank und Commerzbank gegründet worden war. Die privaten Kapitalisten haben also die Vorarbeit gemacht, die »christliche« Regierung der bundesdeutschen Kapital-Demokratie hat das dann aufgewertet und legalisiert.
- 1996, nach dem von US-Beratern in der »deutschen« Treuhandanstalt organisierten Ausverkauf der Unternehmen, Immobilien und Grundstücke der Ex-DDR, wurde unter der Kohl-Regierung der zweite Börsenindex, der MDAX, gegründet.

Dann hatten auch die SPD und die Grünen diesen Kapitalismus gelernt:

- Unter der rot-grünen Bundesregierung mit Bundeskanzler Gerhard Schröder und Vizekanzler Joschka Fischer wurde 1999 mit der kapitalorientierten »Agenda 2010« (mit der Zugabe der Niedriglöhnerei der 4 Hartz-Gesetze) der dritte Börsenindex, der SDAX, gegründet.
- Und 2003 wurde unter der SPD und den Grünen nach dem Einströmen der von ihnen geförderten US-Private-Equity-Investoren noch ein Börsenindex, der TecDAX, gegründet.

AG »in Deutschland«:
Nicht identisch mit »deutsche AG«
Übrigens, Achtung: Aktiengesellschaft »in Deutschland« bedeutet heute nicht mehr »deutsche« Aktiengesellschaft. Da sind BlackRock & Co. vor: Sie kamen unter der wieder christlich lackierten BlackRock-Freundin Angela Merkel heran, klammheimlich – mit einer sich sorgenvoll gebenden Frau, zudem aus dem armen Osten, ging das ganz leicht.

Danach hat auch die Ampelkoalition mit SPD, Grünen und FDP die Kapitalisierung Deutschlands weitergetrieben: BlackRock & Co. haben noch mehr Aktienanteile in Unternehmen in Deutschland zugekauft.

Und die Ampelinxe haben zum Beispiel die von BlackRock forcierte private Aktien-Rente gefördert – dazu hatten sie den langjährigen BlackRock-Lobbyisten Friedrich Merz und seine CDU gar nicht nötig.[56]

BlackRock: »Ökonomischer Sachverstand« für grünen Minister

Und der grün lackierte Wirtschafts- und Klimaminister Robert Habeck hat als erster Bundesminister in Deutschland eine Führungskraft von BlackRock in eine Führungsposition eines deutschen Ministeriums berufen: Elga Bartsch war in der Europazentrale BlackRocks in London Leiterin für Kapitalmarkt-Research, seit 2022 ist sie Leiterin der Wirtschaftsabteilung im deutschen Wirtschafts- und Klimaministerium, also Chefökonomin des deutschen Wirtschaftsministers und Vizekanzlers. Die Kapital-Postille *Handelsblatt* lobte: Dem grünen Wirtschaftsminister sei mit der BlackRock-Frau endlich »mehr ökonomischer Sachverstand« verpasst worden.[57] Der staatliche Schutz von BlackRock-Briefkastenfirmen in den wichtigsten Unternehmen Deutschlands gehört zu diesem »ökonomischen« Sachverstand.

Und merke: »ökonomisch« – das ist hier immer die populistische Umschreibung für »kapitalistisch«, und zwar kapitalistisch im Sinne BlackRocks.

56 *www.blackrocktribunal.de*: BlackRock-Konferenz 2023: Unsere Rente – kein Spielball für BlackRock & Co.

57 Werner Rügemer, »Endlich ›mehr ökonomischer Sachverstand‹ – gleichzeitig in Berlin und Kiew«, in: *www.nachdenkseiten.de*, 18. November 2022

Wie kommen wir an die BlackRock-Briefkastenfirmen?

So, jetzt wird es ernst. Die Briefkastenfirmen, die BlackRock für seine superreichen Kunden in den führenden AGs in Deutschland einsetzt, sind bekannt, »eigentlich«. Sie *könnten* bekannt sein, sind aber in der Öffentlichkeit gänzlich unbekannt, sowohl was die Tatsache überhaupt betrifft wie auch die Namen und die Aufgaben und Wirkungen.

Die BlackRock-Briefkastenfirmen werden nach deutschem Gesetz veröffentlicht, und zwar an zwei Orten: erstens von der Bundesanstalt für Finanzdienstleistungsaufsicht (BaFin) und zweitens von den jeweiligen Aktiengesellschaften selbst.

Selbst digitale Analphabeten (zu denen sich der Autor zählt) können sie finden, mit ein paar Klicks im Internet. Trotzdem: Diese Briefkastenfirmen sind öffentlich unbekannt.

- Sie werden nicht in den BlackRock-freundlichen Kapital-Medien wie *ZEIT*, *FAZ*, *SZ*, *Welt*, *Spiegel*, *Handelsblatt*, *Focus* und *WirtschaftsWoche* benannt.
- Sie werden nicht in den privaten wie öffentlich-rechtlichen Verdummungsmedien benannt, die für das deutsche Wahlvolk die »Demokratie« inszenieren.
- Sie sind noch nie im deutschen Parlament thematisiert worden.
- Sie sind auch von den bekanntesten »Investigativ«-Journalisten etwa des *Spiegel*, von *Correctiv*, von der Initiative »Finanzwende« noch nie thematisiert oder benannt worden.
- Sie werden auch nicht, wie zuvor dargestellt, von den fleißigen »Investigativ«-Autorinnen benannt, die mit dicken Büchern die Steuerflucht der Superreichen anprangern, angeblich. (siehe S. 48)

Veröffentlichungspflicht nach geltendem Gesetz
Sowohl die Aktionäre müssen ihre Anteile in den Aktiengesellschaften melden, wie auch die Unternehmen ihre Aktionäre melden müssen. Das gilt jedenfalls für Aktienanteile, sobald sie die 3-Prozent-Marke überschreiten, aber auch dann, wenn sie nach einem Bestand über dieser 3-Prozent-Marke diese durch teilweisen oder Ganz-Verkauf unterschreiten.

Das regelt in Deutschland das Wertpapier-Handelsgesetz (WpHG). Es hat 143 Paragrafen, die wohl zu den unbekanntesten gehören, obwohl sie für die Gesellschaft einen der wichtigsten Bereiche regeln (sollen). Das Gesetz wird ständig fortgeschrieben, erneuert, nicht zuletzt auf Anordnung der Europäischen Kommission: So ist das WpHG in der gegenwärtigen Fassung seit 2009 bis 2020 in Erfüllung von insgesamt neun EU-Verordnungen immer wieder geändert und angepasst worden.[58]

Trotzdem: Ganz schön kompliziert, diese Suche!
Gehen wir mal die wichtigsten Paragrafen des WpHG durch, soweit sie die Bekanntgabe von Briefkastenfirmen betreffen:

– § 33 verpflichtet den Käufer bzw. Halter von Aktien – als »Meldepflichtiger« bezeichnet –, seinen Anteil öffentlich bekannt zu geben, sowohl der BaFin als auch dem betreffenden Unternehmen selbst. Diese gesetzlich vorgeschriebene Meldung heißt »Stimmrechtsmitteilung«. Die Meldepflicht gilt aber nur für einen Aktienanteil ab 3 Prozent aufwärts. Und sie gilt auch für Veränderungen des Aktienanteils, selbst wenn die Veränderung nur gering ist, zum Beispiel von 6,1 Prozent rauf auf 6,2 Prozent oder runter auf 6,0 Prozent. Ebenso gilt sie, wenn ein Aktienanteil, der über den 3 Prozent lag, auf unter 3 Prozent verringert wird; dabei muss aber nur angegeben werden, dass die 3 Prozent

58 *Gesetze-im-internet.de/wphg* [abgerufen 5. Dezember 2024]

unterschritten wurden, und nicht, wie viele Aktien noch gehalten werden oder ob alle Aktien verkauft wurden.

- §40 verpflichtet auch das jeweilige Unternehmen, die Stimmrechtsmitteilung zu veröffentlichen, auf der Website des Unternehmens.
- §34 verpflichtet den Aktionär, in seiner Stimmrechtsmitteilung auch die kleineren Anteile anzugeben, die er für Dritte vertritt, die ihm ihre kleineren Anteile übertragen, etwa durch eine »Willenserklärung«, oder sonstwie »anvertraut« oder »aufgrund einer zeitweiligen Übertragung« oder »als Sicherheit« zur Verwahrung übertragen haben.
- §38 verpflichtet den Aktionär, in seiner Stimmrechtsmitteilung auch »Instrumente« zu benennen, die in seinem gemeldeten Aktienanteil enthalten sind. Dazu nennt der Paragraf »insbesondere« beispielhaft sechs »Instrumente«: 1. übertragbare Wertpapiere, 2. Optionen, 3. Terminkontrakte, 4. Swaps, 5. Zinsausgleichsvereinbarungen und 6. Differenzgeschäfte.
  Wir gehen an dieser Stelle nicht auf diese komplizierten Finanz-»Instrumente« ein; aber eine Ahnung davon, wie das heute bei BlackRock & Co. zugeht, kann man hier schon einmal bekommen.
- §41 verpflichtet neben dem Aktionär auch die betreffende Aktiengesellschaft, in den Stimmrechtsmitteilungen die Gesamtzahl der von ihr vertretenen Stimmrechte zu nennen, also einschließlich der von Dritten »anvertrauten« Aktienteile und der »Instrumente«.

Das ist ganz schön kompliziert, jedenfalls für einen »Normalbürger«, sogar auch für die paar Millionen Deutsche, die Aktien oder zunehmend auch das aktienbasierte BlackRock-Finanzprodukt ETF gekauft haben, aber ansonsten keine Ahnung haben, zum Beispiel ob sie unter die Rubrik »Instrumente« fallen. Oder?

Diese Kompliziertheit hängt damit zusammen: BlackRock & Co. sind keine traditionellen Aktionäre, die mitentscheiden und am Ende eines Bilanzjahres eine möglichst hohe Dividende haben wollen – das wollen sie natürlich auch, aber daneben haben sie noch ein ganz anderes Hauptgeschäft, nämlich den ständigen – täglichen, stündlichen, sekündlichen – Handel mit Aktien, also Kauf und Verkauf, kurz Spekulation. Und dazu dienen die »Instrumente«, von denen es neben den sechs im WpHG aufgeführten noch viel mehr gibt.

Dazu gehört beispielsweise auch das ständige Verleihen von Aktien, sei es an Betrüger wie im Falle von Cum-Cum und Cum-Ex. BlackRock ist der größte Verleiher von Aktien und verdient auch an den Verleihgebühren.

BlackRock & Co. überweisen zwar die direkten Unternehmensgewinne, die Dividenden, an ihre superreichen Kapitalgeber, natürlich auch hier unter Abzug einer Gebühr. Aber die Gewinne aus diesen spekulativen »Nebengeschäften« mit »Instrumenten« und Aktienverleih behalten BlackRock & Co. für sich und erweitern auch dadurch ihre Macht.

Wichtig ist aber bei all dieser Kompliziertheit: *Das Gesetz fordert nicht, dass Aktionäre wie* BlackRock *die persönlichen Namen derer nennen, die die eigentlichen Aktionäre sind und über* BlackRock *den Gewinn bekommen.* Damit leistet BlackRock für seine Kunden die mögliche Beihilfe zur milliardenschweren Steuerflucht, in Deutschland, in Europa, in den USA sowieso.

Der Rüstungskonzern Rheinmetall: 176 anonymisierte BlackRock-Aktionäre

Wie sieht nun eine solche Stimmrechtsmitteilung genau aus? Nehmen wir als Beispiel den DAX-Konzern Rheinmetall.

Zunächst zu Rheinmetall: Das im Deutschen Kaiserreich gegründete Unternehmen, urdeutsch, am deutschen Fluss Rhein mit der Zentrale in Düsseldorf, erfolgreich im Kaiser-, dann im Hitler- und Adenauer-Deutschland und danach weiter aufsteigend, auch international, besonders mit der Aufforderung des US-Präsidenten Barack Obama zur Erhöhung der Militärbudgets der europäischen NATO-Mitglieder und zuletzt mit der Belieferung des Stellvertreter-Kriegers Ukraine. Die meisten Filialen in einem Staat außerhalb Deutschlands stehen in den USA, dort entwickelt Rheinmetall mit US-Rüstungskonzernen wie Lockheed die modernsten Rüstungsgüter.

Und BlackRock ist der größte Aktionär. Unter den folgenden sieben in der Rangfolge sind fünf US-amerikanische: Wellington, Fidelity (zweimal unter verschiedenen Rechtsformen), Capital Group, Goldman Sachs – dazwischen zwei Banken aus europäischen Staaten, Société Générale aus Frankreich und UBS aus der Schweiz, wobei BlackRock auch zu den führenden UBS-Aktionären gehört.

Seit dem Einstieg von BlackRock stieg der Börsenwert von Rheinmetall etwa um das Vierfache. Der »deutsche« Konzern hat seine Zentrale immer noch am deutschen Rhein in Düsseldorf – jetzt geschmückt mit der US-Flagge.[59]

Die Stimmrechtsmitteilung von BlackRock

Wenn wir BlackRocks Stimmrechtsmitteilung vom 18. August 2024 auf der Website von Rheinmetall aufrufen und ausdrucken, dann ergibt das 10 DIN-A4-Seiten, mit vielen Begriffen, Namen, Abkürzungen.

Das bedarf für den normalen Kapital-Analphabeten einiger Erklärungen, also für den »Laien«, für den wirtschaftlich verdummten »Normal«-Deutschen, auch für Journalisten, Abgeordnete, auch für Minister, auch für Aktionäre, auch für Bankangestellte und auch für

59 Werner Rügemer, »Rheinmetall: Wie der Ukraine-Krieg den Rüstungskonzern auf Erfolgskurs bringt«, in: *Berliner Zeitung*, 10. April 2023. Der Artikel wurde inzwischen v. a. auf Druck der damaligen Vorsitzenden des Bundestags-Verteidigungsausschusses, Strack-Zimmermann, von der *Berliner Zeitung* zurückgezogen, ist aber noch zugänglich bei *cooptv.wordpress.com/2023/04/10/rheinmetall-wie-der-ukrainekrieg-den-ruestungskonzern-auf-erfolgskurs-bringt*

 deutsche Unternehmer. Hab ich jemandem Unrecht getan? Bitte melden! Das wird gefeiert!

Die Überschrift der Stimmrechtsmitteilung lautet: *BlackRock Inc., Wilmington, Delaware, Vereinigte Staaten von Amerika (USA).* Das ist der gesetzlich »Meldepflichtige«, der Aktionär. Wir lassen der Einfachheit halber die Punkte 1 bis 5 der Stimmrechtsmitteilung weg (wer Zeit und Lust hat, kann sich das natürlich ansehen!) und kommen zu

Punkt 6: Gesamtzahl der Positionen
Der bisherige Anteil der Stimmrechte von BlackRock bei Rheinmetall betrug 5,18 Prozent, jetzt beträgt er 5,10 Prozent. Der Anteil der Stimmrechte durch Instrumente betrug bisher 0,31 Prozent, jetzt beträgt er 0,37 Prozent. Die Gesamtzahl der Stimmrechte ist von 5,49 Prozent auf jetzt 5,47 Prozent verringert worden.

Punkt 7: Angaben zu den Gesamtpositionen
- Die direkten Stimmrechte aus Aktien betragen 0 Prozent.
- Die indirekten Stimmrechte aus Instrumenten betragen 5,10 Prozent.
- Aus verliehenen Wertpapieren kommen 0,31 Prozent indirekte Stimmrechte hinzu.
- Aus »Barzahlung oder physischer Abwicklung« kommen noch 0,06 Prozent indirekte Stimmrechte hinzu.

So werden die Meldepflichten aus dem WpHG erfüllt. Alles klar? Oder doch nicht? Jedenfalls das Wichtigste: BlackRock ist der größte Aktionär im »deutschen« Unternehmen Rheinmetall, und nach deutschem Gesetz hat BlackRock als größter Aktionär keine eigenen Stimmrechte, sondern

1. BlackRock vertritt die Stimmrechte von »Instrumenten« – aha, ein Aktionär in Deutschland kann also »Instrumente« vertreten,
2. BlackRock vertritt Stimmrechte »aus verliehenen Wertpapieren« – aha, das geht also auch,
3. und BlackRock vertritt auch Stimmrechte »aus Barzahlung oder physischer Abwicklung« – kennt sich jemand damit aus?

Da heißt es am Anfang: »Vollständige Kette der kontrollierten Unternehmen, beginnend mit der obersten kontrollierenden natürlichen oder juristischen Person«.

Aber: Entgegen dieser zitierten gesetzlichen Anforderung wird in der folgenden »vollständigen Kette« keine einzige *natürliche* Person genannt. Es werden nur *juristische* Personen genannt, also rechtsförmige Namen von Unternehmen. Was für »Unternehmen« das sind, wird sich zeigen. Oder wir können es auch so sagen: BlackRock vertritt unpersönliche »Personen« – interessant, oder?

Die »vollständige Kette der kontrollierten Unternehmen«

Auf den nächsten 8 DIN-A4-Seiten listet BlackRock die vom Gesetz geforderte »vollständige Kette der kontrollierten Unternehmen« auf: In ihnen sind die anonymisierten Kapitalgeber und Empfänger des größten Teils der Unternehmensgewinne versteckt.

Die Kette ist unterteilt in 20 Blöcke. Sie bestehen jeweils aus vier nebeneinander stehenden Rubriken: Name, Prozent der Stimmrechte, Prozent der Stimmrechte durch Instrumente, Summe aus beiden.

Erster Block

BlackRock Inc.:	jeweils 0 Prozent
Trident Merger LLC.:	jeweils 0 Prozent
BlackRock Investment Management LLC.:	jeweils 0 Prozent

Dieser Block wie auch die folgenden Blöcke benennen in der ersten Zeile das kontrollierende, das führende Unternehmen, also hier das Zentralunternehmen des BlackRock-Konzerns mit dem rechtlichen Sitz in der Finanzoase Delaware.

Die nächsten zwei von BlackRock Inc. kontrollierten Unternehmen sind die BlackRock-Tochterunternehmen

 Trident Merger LLC und BlackRock Investment Management, LLC. (LLC = Limited Liability Company, Gesellschaft mit beschränkter Haftung, für kleinere Personengesellschaften, vergleichbar mit der GmbH in Deutschland).

Briefkastenfirmen-Zentralfirma in Delaware
Der rechtliche Sitz von Trident Merger LLC ist in der Finanzoase Delaware, wo auch die Zentrale des BlackRock-Konzerns den rechtlichen Sitz hat.

Die Adresse von Trident Merger LLC: c/o The Corporation Trust Company, Coporation Trust Center, 1209 Orange Street, Wilmington 19801, USA, also da, wo Dutzende Briefkastenfirmen-Verwalterfirmen ihren Sitz haben und auf ihren Computern die Namen einiger Hunderttausend anonymisierter Superreicher gegen Bezahlung abspeichern. (siehe S. 15)

Die überall in der Stimmrechtsmitteilung eingetragenen Null-Prozent-Prozentangaben bedeuten: Keine dieser BlackRock-Tochterfirmen hat einen Rheinmetall-Aktienanteil über 3 Prozent. Die Null-Angabe bedeutet also nicht *Null*, sondern: weniger als die nach deutschem Gesetz meldepflichtigen 3 oder mehr Prozent, also *Null plus X*. Für das X gibt's ja dann jährlich die Dividende.

Wir übergehen jetzt mal die zweite in dem Block aufgeführte BlackRock-Tochterfirma BlackRock Investment Management LLC, weil wir noch eine ganze Reihe weiterer solcher BlackRock-Tochterfirmen nennen müssen, die BlackRock bereibt und als Aktionär bei Rheinmetall vertritt. Wir lassen auch den zweiten Block beiseite und kommen zum dritten Block.

Dritter Block

BlackRock Inc.:	jeweils 0 Prozent
Trident Merger LLC:	jeweils 0 Prozent
BlackRock Investment Management LLC:	jeweils 0 Prozent
Amethyst Intermediate LLC:	jeweils 0 Prozent

Aperio Holdings LLC:	jeweils 0 Prozent
Aperio Group LLC:	jeweils 0 Prozent

Wer jetzt wissen möchte, in welcher Finanzoase Amethyst Intermediate LLC und Aperio Holdings LLC und Aperio Group LLC ihren rechtlichen Sitz haben, kann dies selbst nachsehen.

Wichtig hier die Anmerkung: Die BlackRock-Tochterfirma Aperio wirbt damit: »Zu unserer Philosophie [!] gehört es, die Kunden bei der Kapitalanlage zu beraten«, wozu auch die »Steuer-Optimierung« und »getrennt gemanagte Konten« gehören.[60] Zweite Anmerkung: Die BlackRock-Tochterfirma Amethyst Intermediate LLC verwaltet für den Aktionär BlackRock Inc. Kapitalanlagen von Kunden zum Beispiel bei Amazon, Apple, Microsoft, Alphabet/Google, Meta/Facebook, Tesla, Telefonica Brasil.

Die weiteren Finanzoasen neben Delaware

Wir überspringen jetzt die nächsten 16 Blöcke. Sie werden immer größer mit jeweils mehr genannten BlackRock-Tochterfirmen in weiteren Finanzoasen:

- auf den Cayman Islands in der Karibik,
- auf der britischen Kanalinsel Jersey,
- in Singapur,
- in der City of London,
- im niederländischen Amsterdam,
- in der Schweiz,
- in Australien,
- in Japan
- und häufig eingesetzt auch die EU-Staaten, die gleichzeitig führende Finanzoasen sind: das Großherzogtum Luxemburg, die Niederlande und Irland.

60 *aperiogroup.com* [abgerufen 7. Dezember 2024]

BlackRock Inc.:	jeweils 0 Prozent
BlackRock Holdco 2, Inc.:	jeweils 0 Prozent
BlackRock Financial Management Inc.:	jeweils 0 Prozent
BlackRock International Holdings, Inc.:	jeweils 0 Prozent
BR Jersey International Holdings LP:	jeweils 0 Prozent
BlackRock Holdco 3:	jeweils 0 Prozent
BlackRock Cayman 1 LP:	jeweils 0 Prozent
BR Cayman West Bay Finco Ltd.:	jeweils 0 Prozent
BlackRock Group Ltd.:	jeweils 0 Prozent
BlackRock Finance Europe Ltd.:	jeweils 0 Prozent
BR Niederlande BV:	jeweils 0 Prozent
BR Asset Management Deutschland AG:	jeweils 0 Prozent
iShares (DE) I:	jeweils 0 Prozent

Hier werden unter der Kontrolle von BlackRock Inc. also mehrere Briefkastenfirmen in verschiedenen Finanzoasen betrieben:

- BlackRock Holdco 2 und 3 haben ihren Sitz auf den Cayman Islands; in dieser Finanzoase betreibt BlackRock auch Holdco 4 und 6, die in anderen der Rheinmetall-Blöcke genannt werden.
- Die Tochterfirmen BlackRock Cayman 1 LP, BlackRock Cayman West Bay Finco Ltd. und BlackRock West Bay IV Ltd. haben ihren Sitz ebenfalls auf den Cayman Islands.
- BlackRock Niederlande B. V.: Sitz in Amsterdam

Die 47 BlackRock-Briefkastenfirmen bei Rheinmetall

Alle 20 Blöcke der Briefkastenfirmen werden jeweils vom Zentralunternehmen des BlackRock-Konzerns kontrolliert, also von BlackRock Inc., das steht jeweils an der ersten Stelle der Blöcke. BlackRock Inc. hat den Sitz in Delaware.

Dann folgen in den Blöcken jeweils die kontrollierten BlackRock-Tochterfirmen in den verschiedenen Finanzoasen. Das ist in einigen Fällen ebenfalls Delaware, aber meistens sind es andere, mit einer im jeweiligen Staat vorgeschriebenen Rechtsform. Mehrere von ihnen haben zudem Filialen in anderen Staaten/Finanzoasen:

BlackRock-Tochterfirmen

Trident Merger LLC, Delaware
BlackRock Investment Management LLC,
BlackRock Holdco 2, Inc., Cayman Islands
BlackRock Financial Management Inc.
BlackRock Capital Holdings Inc.
BlackRock Advisors LLC
Amethyst Intermediate LLC
Aperio Holdings LLC
Aperio Group LLC
BlackRock Canada Holdings ULC
BlackRock Asset Management Canada United
BlackRock Jersey International Holdings LP
BlackRock International Holdings Inc.
BlackRock Singapur Holdco Pte. Ltd.
BlackRock Singapur Limited
BlackRock Holdco 4 LLC, Cayman Islands
BlackRock Holdco 6 LLC, Cayman Islands
BlackRock Delaware Holdings Inc.
BlackRock Institutional Trust Company
BlackRock Australia Holdco Pty. Ltd.
BlackRock Investment Management Australia Limited
BlackRock Hongkong Holdco Limited
BlackRock Asset Management North Asia Limited
BlackRock Lux Finco S.a.r.l., Luxemburg
BlackRock Japan Holdings GK
BlackRock Japan Co., Ltd.
BlackRock Holdco 3, LLC, Cayman Islands
BlackRock Cayman 1 LP, Cayman Islands
BlackRock Cayman West Bay Finco Limited
BlackRock Cayman WestBay IV Limited
BlackRock Group Limited
BlackRock International Limited

BlackRock Finance Europe Limited
BlackRock Advisors UK Limited (UK: United Kingdom)
BlackRock Life Limited
BlackRock Investment Management UK Limited
BlackRock Luxemburg Holdco Sarl
BlackRock Investment Management
BlackRock Ireland Holdings
BlackRock Asset Management Ireland Limited
BlackRock UK Holdco Limited
BlackRock Asset Management Schweiz AG
BlackRock Fund Managers Limited
BlackRock Niederlande B. V.
BlackRock Asset Management Deutschland AG
BlackRock Solutions Funds ICAV (ICAV: Irish Collectiv Asset Management Vehicle, steuerfrei nach irischem Recht)
iShares (DE) I (DE = Delaware)

175 anonymisierte BlackRock-Kunden bei Rheinmetall

Es handelt sich also um 47 BlackRock-Tochterfirmen, teilweise mit weiteren Tochterfirmen. Einschließlich der in allen 20 Blöcken vorangesetzten, kontrollierenden BlackRock-Zentrale haben diese Tochterfirmen ihren rechtlichen Sitz in Finanzoasen, in den USA, in der Karibik, im britischen Commonwealth, in Asien, in eng an die USA angebundenen Staaten wie Kanada, Singapur, Japan und Australien und nicht zuletzt in den EU-Staaten Luxemburg, Irland und Niederlande.

In der zitierten Stimmrechtsmitteilung bei Rheinmetall werden die 47 Tochterfirmen meist mehrmals genannt, insgesamt 175 mal. Das bedeutet: Das sind die 175 superreichen BlackRock-Kunden. Jeweils mehrere werden in derselben Briefkastenfirma versteckt. Welche genauen Vertragsverhältnisse hier herrschen, wissen wir nicht, das wird aus den Stimmrechtsmitteilungen nicht ersichtlich.

Und natürlich geht daraus auch nicht hervor, in welchen Staaten die gesichtlosen Kunden ihren Steuersitz haben.

Und natürlich können wir nicht wissen, ob solche Kunden zwar jährlich hohe Honorare an die Verwalter der Briefkastenfirmen bezahlen, aber vielleicht trotzdem ihre Rheinmetall-Gewinne ihrem zuständigen Finanzamt melden. Wäre zwar unlogisch, aber warum soll es gerade in diesem Milieu nicht auch mal unlogisch zugehen?

Aber keine Steuerflucht für die ETF-Kleinanleger

Die in der Stimmrechtsmitteilung für Rheinmetall genannte BlackRock-Tochterfirma iShares hat also auch einen Anteil an Rheinmetall, wie alle anderen BlackRock-Tochterfirmen ebenfalls unter 3 Prozent.

iShares entwickelt und verwaltet das Finanzprodukt Exchanged Traded Funds (ETFs). (siehe S.31) BlackRock ist der »Erfinder«. ETF sind börsengehandelte Indexfonds. Damit ist der Käufer eines Anteils zum Beispiel am DAX-Indexfonds beteiligt, anteilig an allen 40 DAX-Konzernen. ETF ist eine Art »Volksaktie«, die schon zum Beispiel mit 20 oder 50 Euro pro Monat erworben werden kann. iShares betreibt gegenwärtig etwa 1.400 solcher ETFs, die auch thematisch orientiert sein können, für Kleinanleger anlockend wegen populärer Themen wie »Umwelt« oder »Nachhaltigkeit«. ETFs haben zudem den Vorteil, dass sie nur eine Minigebühr von etwa 0,2 Prozent kosten, weil sie von iShares roboterisiert verwaltet werden. Damit nimmt der ETF-Käufer sowohl an den über BlackRock ausgeschütteten Gewinnen wie an der Wertsteigerung etwa des DAX teil.[61]

Weil aber BlackRock und iShares keine »Volks«-Finanzdienstleister sind und auch in Deutschland keinen einzigen Bankschalter haben, kann man ETFs nicht direkt bei ihnen kaufen: Den Kauf wickeln im iShares-Auftrag die traditionellen Publikumsbanken ab, etwa die Sparkassen. Dadurch

61 *Ishares.com/us/about-us* [abgerufen 7. Dezember 2024]

haben die ETF-Kleinanleger auch nicht die Möglichkeit der Steuerflucht: Dieses »Privileg« steht in der BlackRock-Welt nur den superreichen Kunden zu.

Am Ende der Stimmrechtsmitteilung heißt es: »Verantwortung übernehmen in einer sich verändernden Welt«. Kontakt: Rheinmetall AG, Rheinmetall Platz 1, 30476 Düsseldorf, Deutschland. Hübsch, oder? Wie man so im BlackRock-Kapitalismus von »Verantwortung« herumfaseln kann, im Schutze eines durchlöcherten Gesetzes eines US-Vasallen-Staates!

Der ständige Handel mit Rheinmetall-Aktien

Wie schon dargestellt, wartet BlackRock nicht auf das Ende des Geschäftsjahres, um die Dividende zu kassieren. Vielmehr gehört die ständige Spekulation mit den Aktien während des ganzen Jahres zum Geschäftsmodell von BlackRock.

BlackRock: Spekulations-Führer mit Aladdin

BlackRock hat mit der Tochterfirma Aladdin die größte Datenverarbeitungsanlage für Finanzen, Aktien, Unternehmen, Kriege, Krisen, Politik. Die KI-gestützte Software verarbeitet im Nano-Sekunden-Bereich alle öffentlich und intern verfügbaren Daten.

Deshalb erkennen die BlackRock-Manager in der Regel früher als andere Aktionäre und Spekulanten, wenn sich etwa wegen einer militärischen Änderung in der Ukraine der Börsenwert von Rheinmetall ändert,
– ob nach oben wegen verbesserter Aussichten etwa wegen der Gründung einer neuen Rheinmetall-Fabrik in der Ukraine
– oder nach unten, weil etwa die Lieferung neuer Raketen an die Ukraine noch nicht geklärt ist oder weil es Andeutungen gibt, dass im Westen die ohnehin klare Niederlage der Ukraine öffentlich eingestanden wird.

26 Aktienkäufe und -verkäufe während eines halben Jahres

So geht aus den Stimmrechtsmitteilungen auf der Rheinmetall-Website hervor: Allein im Zeitraum vom 1. März 2024 bis zum 27. September 2024, während des Ukraine-Kriegs, hat BlackRock 26 Mal seinen Aktienanteil geändert, jeweils um ein paar Zehntel Prozent, die aber jeweils einige Millionen Euro wert sind.

Warum diese Meldungen vom 1. März bis zum 11. April durch die BlackRock-Zentrale in New York gemacht wurden, danach aber durch eine BlackRock-Tochterfirma in Delaware – das geht aus der Meldung nicht hervor, hat aber sicherlich einen wichtigen Grund, den wir nicht kennen und den BlackRock auch nicht bekannt gibt.

Jedenfalls – auch Krieg, Kriegsführung, Änderungen der Kriegssituation und deren Ausnutzung gehören zum unfriedlichen, an den Interessen der anonymisierten, unbekannten Kunden ausgerichteten BlackRock-Geschäftsmodell.

Der Wohnungskonzern Vonovia: 192 anonymisierte BlackRock-Aktionäre

BlackRock ist mit 8,47 Prozent der zweitgrößte Aktionär bei der Vonovia AG, nach dem norwegischen Staatsfonds Norges, der sein Kapital vor allem aus der Gas- und Ölförderung zieht und für den norwegischen Staat und dessen Rentner auch gern die Gewinne aus den von Vonovia in Deutschland erhöhten Mieten und Nebenkosten herausholt.

Vonovia hat 2021 mit Zustimmung des Kartellamts den bisher zweitgrößten Wohnungskonzern in Deutschland dazugekauft, die Deutsche Wohnen AG, und bildet mit inzwischen über 600.000 Wohnungen ein einmaliges

 Oligopol, den jemals größten privaten Wohnungskonzern der Erde.

Diese Marktmacht, konzentriert in den größeren Städten, befördert insgesamt die überdurchschnittlichen Erhöhungen der Mieten gerade in Ballungsgebieten. Und auch aus den Nebenkosten haben die Vonovia-Aktionäre ein eigenes Geschäftsfeld gemacht, etwa durch die Entlassung bisheriger Subunternehmer für Hausmeistertätigkeiten, Reinigung, Reparaturen, Grünflächenpflege, Garagenwartung, Geschäftsführung. Ersetzt wurden die durch neue, eigene Tochterfirmen, die weniger Personal haben, was mit einer Erhöhung der Nebenkosten einhergeht.

Der Staat muss nun noch mehr Wohngeld an arme Mieter zahlen – wobei das Wohngeld als Gewinn bei BlackRock & Co. landet. Auch die Preise für Eigentumswohnungen, die zuvor Mietwohnungen waren oder die Vonovia neu bauen lässt, werden noch schneller erhöht.

In den vier Jahren 2020 bis 2023 schüttete Vonovia an BlackRock, Norges & Co. jährlich zwischen 676 Millionen und 1,28 Milliarden Euro aus, das sind zwischen 15,6 und 31 Prozent der Mieteinnahmen.[62]

Die Stimmrechtsmitteilung von BlackRock

Die Stimmrechtsmitteilung vom 11. Juni 2024 besagt wie bei Rheinmetall: Der Aktionär BlackRock Inc. hat seinen rechtlichen Sitz in Wilmington/Delaware/USA. Genannt werden 49 Tochterfirmen, also zwei mehr als bei Rheinmetall, es sind aber im Wesentlichen dieselben:

Trident Merger LLC
Amethyst Intermediate LLC
Aperio Holdings LLC
Aperio Group LLC
SAE Liquidity Fund (GenPar) LLC.

62 Vonovia-Geschäftsberichte 2020 bis 2023

BlackRock Delaware Holdings, Inc.
BlackRock Finance Inc.
BlackRock Capital Holdings, Inc.
BlackRock International Ltd.
BlackRock International Holdings, Inc.
BlackRock Institutional Trust Company
BlackRock Fund Managers Ltd.
BlackRock Group Ltd.
BlackRock Holdco 2, Inc.
BlackRock Holdco 3, Inc.
BlackRock Holdco 4, Inc.
BlackRock Holdco 6, Inc.
BlackRock Cayman 1 LP
BlackRock Cayman West Bay Finco Limited
BlackRock Cayman West Bay IV Limited
BlackRock Finance Europe Limited
BlackRock Life Ltd.
BlackRock Investment Management Ireland Holdings Unlimited
BlackRock Asset Management Ireland Limited
BlackRock Solutions Fund ICAV (Irland)
BlackRock Luxembourg Holdco Sarl
BlackRock Luxembourg SA
BlackRock Lux Finco S.a.r.l.
BlackRock Netherlands BV
BlackRock Advisors LLC
BlackRock Fund Advisors
BlackRock Advisors (UK) Limited (UK: United Kingdom, Großbritannien)
BlackRock UK Holdco Limited
BlackRock Investment Management UK Ltd.
BlackRock Jersey Intern. Holdings LP (Jersey: britische Kanalinsel)
BlackRock Singapore Holdco Pte.Ltd.
BlackRock Singapore Limited
BlackRock Canada Holdings ULC
BlackRock Asset Management Canada Limited
BlackRock Australia Holdco Pty. Ltd.

 BlackRock Investment Management Australia Ltd.
BlackRock HK Holdco Pte. Ltd. (HK: Hongkong)
BlackRock Asset Management North Asia Ltd.
BlackRock Japan Holdings GK
BlackRock Japan Co. Ltd.
BlackRock Asset Management Schweiz AG
BlackRock Asset Management Deutschland AG
iShares (DE) I Investmentaktiengesellschaft mit Teilgesellschaftsvermögen

In diesen 49 Briefkastenfirmen versteckt BlackRock 192 Anleger.

Auch bei Vonovia ist ein Teil der BlackRock-Akien in der Tochterfirma iShares untergebracht, mit den ETFs für die Kleinanleger.

Auch mit den Vonovia-Aktien betreibt BlackRock zum einen den ständigen spekulativen Kauf, Verkauf und Rückkauf sowie zum anderen das Verleihen an Dritte.

Der Vonovia-Börsenwert ist 25,6 Milliarden Euro (Stand: 11. Juni 2024). Die 8,47 Prozent der BlackRock-Aktien haben somit einen Wert von 2,2 Milliarden Euro. Die Anteile der 192 von BlackRock bedienten Vonovia-Aktionäre sind folglich im Durchschnitt jeweils 11,5 Millionen Euro wert!

Auch in den anderen 38 DAX-Konzernen, in denen BlackRock mit Aktien und ETFs investiert, werden die bei Rheinmetall und Vonovia genannten sowie weitere Briefkastenfirmen eingesetzt. Dies gilt also zum Beispiel für Adidas, Bayer, BASF, RWE, Deutsche Bank, Commerzbank, Siemens, Deutsche Post DHL, Allianz und Mercedes-Benz. (siehe QR-Code)

BlackRock-Briefkastenfirmen im MDAX

Mit den 40 DAX-Konzernen ist es für BlackRock nicht getan: Dieselben Steuerflucht-Praktiken gelten auch für die drei deutschen Unternehmensgruppen im

MDAX, TecDAX und SDAX sowie für weitere Unternehmen.

Im MDAX sind die 50 nächstgrößten Aktiengesellschaften nach den DAX-Unternehmen versammelt. Dazu gehören unter anderem Delivery Hero, Deutsche Lufthansa, Fraport, Freenet, Hello Fresh, Hugo Boss, Jenoptik, LEG Immobilien, Puma, RTL, ThyssenKrupp und TUI.

Der Wohnungskonzern LEG: 158 anonymisierte BlackRock-Aktionäre

BlackRock ist der größte Aktionär bei Wohnungen in Deutschland, denn BlackRock ist zugleich Großaktionär in den drei größten Wohnungskonzernen, im größten: Vonovia, im zweitgrößten: Deutsche Wohnen, und auch im drittgrößten: LEG.

Die CDU/FDP-Landesregierung von NRW hatte die ursprünglich staatliche Wohnungsgesellschaft LEG (Landesentwicklungsgesellschaft) 2005 zunächst an die US-»Heuschrecke« Whitehall, eine Tochterfirma von Goldman Sachs, verscherbelt. Mithilfe der Finanzkrise, von der sie selbst gar nicht betroffen waren, kauften sich dann BlackRock & Co. ein.

Die LEG hat inzwischen durch Zukäufe 166.500 Wohnungen, in denen etwa 500.000 Menschen wohnen. BlackRock & Co. holen mit Erhöhungen von Mieten, Nebenkosten und der Preise für Eigentumswohnungen hohe Gewinne heraus, gegen vielfältigen Widerstand der Mieter, über den aber überregional so gut wie nicht berichtet wird.[63]

63 Forderungen an Vonovia und LEG zu Umlageberechnungen und Mieterhöhungen, MieterInnenverein Witten, 14.6.2023

BlackRock war seit 2016 mit 19,89 Prozent der weitaus größte Aktionär. Die entsprechende Stimmrechtsmitteilung ist die zeitlich letzte auf der LEG-Website – siehe unseren Link, Rubrik MDAX. Aus anderer Quelle geht für 2018 eine Herabsetzung des Aktienanteils auf 11,29 Prozent hervor.[64]

Auch hier sind die Aktien für die anonymisierten BlackRock-Kapitalgeber auf Blöcke verteilt, im Fall der LEG sind es 27. Kontrolliert werden sie wie immer von der Zentrale BlackRock Inc. mit Sitz in Wilmington/Delaware. Die kontrollierten Tochterfirmen in den Finanzoasen sind weitgehend dieselben wie in den anderen Unternehmen, die schon in den DAX-Konzernen Rheinmetall und Vonovia genannt wurden, und bei allen wird als Aktienanteil null Prozent angegeben, obwohl dies eine Lüge ist.

Trident Merger LLC
BlackRock Investment Management LLC
BlackRock Holdco 2 Inc.
BlackRock Financial Management Inc.
BlackRock Holdco 4 Inc.
BlackRock Holdco 6 Inc.
BlackRock Delaware Holdings Inc.
BlackRock Investment Trust Company
BlackRock Fund Advisors
BlackRock Capital Holdings Inc.
BlackRock Advisors LLC
BR Jersey International Holdings LP
BlackRock Singapore Ptd. Ltd.
BlackRock Singapore Ltd.
BlackRock International Holdings Inc.
BlackRock HK Holdco Ltd.
BlackRock Asset Management North Asia Ltd.

64 de.marketscreener.com/kurs/aktie/LEG-Immopbilien-SE [abgerufen 13.12.2024]

BlackRock Australia Holding Pty. Ltd.
BlackRock Investment Management Australia Ltd.
BlackRock Canada Holdings LP
BlackRock Asset Management Canada Ltd.
BlackRock Group Ltd.
BlackRock Life Ltd.
BlackRock Netherlands B. V.
BlackRock Investment Management UK Ltd.
BlackRock Asset Management Deutschland AG
BlackRock Fund Managers Ltd.
BlackRock Luxembourg Holdco S. a. r. l.
BlackRock UK Holdo Ltd.
BlackRock Asset Management Schweiz AG
BlackRock Luxembourg S. A.
BlackRock Investment Management Ireland Holdings Ltd.
BlackRock Asset Management Ireland Ltd.
BlackRock International Ltd.
iShares (DE) I Investmentaktiengesellschaft mit Teilgesellschaftsvermögen

In 34 dieser zum Teil mehrmals genannten 35 Briefkastenfirmen versteckt das Führungsunternehmen BlackRock Inc. insgesamt 158 Kapitalgeber.

Nach dem LEG-Marktwert von 6,23 Milliarden Euro haben die von BlackRock vertretenen 11,29 Prozent der Aktien einen Marktwert von 702 Millionen Euro. Somit ist der Aktienanteil der 158 Kapitalgeber gegenwärtig im Durchschnitt jeweils 3,1 Millionen Euro wert.

BlackRock-Briefkastenfirmen im TecDAX

Die dritte Gruppe der Aktiengesellschaften in Deutschland, TecDAX, versammelt 30 Unternehmen. Dazu gehören Deutsche Telekom, Jenoptik, Carl Zeiss Meditec, SAP, Siemens Healthineers, Infineon, Aixtron, 1&1, Evotec, Cancom, Teamviewer, Siltronic, SMA Solar, Nordex, United Internet usw. Sie gelten als die führenden

 Technologiekonzerne in Deutschland. Überall ist BlackRock in der üblichen Weise einer der führenden Aktionäre. Wir nehmen beispielhaft die Deutsche Telekom. Die Stimmrechtsmitteilung vom 10. Dezember 2024 besagt: BlackRock Inc. aus Wilmington hat seinen Anteil von 4,83 auf 5,05 Prozent erhöht. Dazu zählen »Instrumente« und verliehene Aktien.

Deutsche Telekom:
229 anonymisierte BlackRock-Aktionäre

Unter der Führung der Zentrale BlackRock Inc. stehen hier 24 Blöcke, wieder meist mit den schon bekannten BlackRock-Briefkastenfirmen, einige bisherige fehlen, einige sind neu, angesiedelt in den üblichen Finanzoasen.
BlackRock Finance Inc.
BlackRock Trident Merger LLC
BlackRock Investment Management LLC
BlackRock Holdco 2 Inc.
BlackRock Financial Management Inc.
BlackRock Capital Holdings Inc.
BlackRock Advisors LLC
Amethyst Intermediate LLC
Aperio Holdings LLC
Aperio Group LLC
BlackRock International Holdings Inc.
BlackRock Canada Holdings ULC
BlackRock Asset Management Canada Ltd.
BR Jersey Interntional Holdings L.P.
BlackRock Singapore Holdco Pte. Ltd.
BlackRock Singapore Ltd.
BlackRock Holdco 4 Inc.
BlackRock Holdco 6 Inc.
BlackRock Delaware Holdings Inc.
BlackRock Fund Advisors

BlackRock Institutional Trust Company
BlackRock Australia Holdco Pty. Ltd.
BlackRock Investment Management Australia Ltd.
BlackRock HK Holdco Ltd.
BlackRock Asset Management North Asia Ltd.
BlackRock SAE Liquidity Fund (GenPar) LLC
BlackRock Lux Finco S. a. r. l.
BlackRock Japan Holdings GK
BlackRock Japan Co Ltd.
BlackRock Cayman 1 LP
BlackRock Cayman West Bay Finco Ltd.
BlackRock Cayman West Bay IV Ltd.
BlackRock Group
BlackRock International Ltd.
BlackRock Finance Europe Ltd.
BlackRock Netherlands B. V.
BlackRock Advisors UK Ltd.
BlackRock Luxembourg S. A.
BlackRock Luxembourg Holdco S. a. r. l.
BlackRock Investment Management Ireland Holdings Unlimited Company
BlackRock Asset Management Ireland Ltd.
BlackRock Asset Management Schweiz AG
BlackRock Fund Managers Ltd.
BlackRock Asset Management Deutschland AG
BlackRock Solutions Funds ICAV
iShares (DE) I Investmentaktiengesellschaft mit Teilgesellschaftsvermögen

45 Briefkästen für 229 BlackRock-Kunden

In 45 dieser 46 BlackRock-Briefkastenfirmen – iShares wieder ausgenommen – sind die BlackRock-Deutsche Telekom-Aktien untergebracht und auf insgesamt 229 BlackRock-Kunden verteilt.

Der Börsenwert der Deutschen Telekom beträgt aktuell 148,7 Milliarden Euro. Die 5 Prozent von BlackRock sind also gut 7 Milliarden Euro wert. Somit ist der Anteil der 229 Superreichen jeweils 30,5 Millionen Euro wert.

Im Jahr 2023 betrug die Dividende 3,834 Milliarden Euro. BlackRock erhielt für seine 5 Prozent Aktien davon 161,5 Millionen. Sie wurden von den Briefkastenfirmen an die 229 Kunden weitergeleitet. Seit einem Jahrzehnt beträgt die jährliche Dividende meistens über 3 Milliarden Euro, nur zweimal lag sie knapp darunter.

BlackRock-Briefkastenfirmen im SDAX

Unter den 70 Aktiengesellschaften des SDAX sind so bekannte Unternehmen wie Deutsche Wohnen, Metro, Douglas, Salzgitter, Südzucker, Morphosys und Vossloh.

Wir nehmen wieder einen Wohnungskonzern, Deutsche Wohnen, auch weil BlackRock in den beiden anderen großen Wohnungskonzernen, Vonovia und LEG, ebenfalls Großaktionär ist, die unter DAX und MDAX schon dargestellt wurden.

Der Wohnungskonzern Deutsche Wohnen: 189 anonymisierte BlackRock-Aktionäre

Nach der Stimmrechtsmitteilung vom 2. Juni 2021 hat BlackRock in Deutsche Wohnen seinen vorherigen Anteil von 11,54 Prozent auf 9,14 Prozent verringert.

Die »vollständige Kette der Tochterunternehmen« BlackRocks ist wieder in Blöcke aufgeteilt, hier sind es 22, immer wie sonst auch jeweils kontrolliert, geführt von der Zentrale BlackRock Inc. in Wilmington.

Diese Briefkastenfirmen sind auch hier weitgehend dieselben wie in den anderen Konzernen in Deutschland:

BlackRockTrident Merger LLC
BlackRock Investment Management LLC
BlackRock Holdco 2 Inc
BlackRock Financial Management LLC

BlackRock Capital Holdings Inc
BlackRockAdvisors LLC
Amethyst Intermediate LLC
Aperio Holdings LLC
Aperio Group LLC
BlackRock Interntional Holdings Inc
BR Jersey International Holdings L.P.
BlackRock Singapore Holdco Pte. Ltd.
BlackRock Singapore Ltd.
BlackRock Holdco 4 LLC
BlackRock Holdco 6 LLC
BlackRock Delaware Holdings Inc
BlackRock Fund Advisors
BlackRock Institutional Trust Company
BlackRock AustraliaHoldco Pty. Ltd.
BlackRock Investment Management Australia Ltd.
BlackRock HK Holdco Ltd.
BlackRock Asset Management North Asia Ltd.
BlackRock Holdco 3 LLC
BlackRock Canada Holdings LP
BlackRock Canada Holdings ULC
BlackRock Asset Management Canada Ltd.
BlackRock Lux Finco S. a. r. l. (Luxemburg)
BlackRock Japan Holdings GK
BlackRock Japan Co. Ltd.
BlackRock Cayman 1 LP
BlackRock Cayman West Bay Finco Ltd.
BlackRock Cayman West Bay IV Ltd.
BlackRock Group Ltd.
BlackRock International Ltd.
BlackRock Finance Europe Ltd.
BlackRock Advisors UK Ltd.
BlackRock Luxembourg Holdco S. a. r .l.
BlackRock Luxembourg S .A.
BlackRock Life Ltd.
BlackRock Investment Management UK Ltd.

BlackRock Investment Management Ireland Holdings Ltd.
BlackRock Asset Management Ireland Ltd.
BlackRock Asset Management Schweiz AG
BlackRock Fund Management UK Ltd.
BlackRock Fund Managers Ltd.
BlackRock Netherlands B. V.
BlackRock Asset Management Deutschland AG
BlackRock Solutions Funds ICAV (Irland)
iShares (DE) I Investmentaktiengesellschaft mit Teilgesellschaftsvermögen

Durch diese 48 BlackRock-Briefkastenfirmen werden 189 BlackRock-Kapitalgeber anonymisiert.

Der Börsenwert von Deutsche Wohnen beträgt aktuell 9,5 Milliarden Euro, die 9,14 Prozent der BlackRock-Aktien sind demnach 900 Millionen Euro wert. Der Anteil der 189 superreichen Anonymisierten hat also im Durchschnitt einen Wert von jeweils 4,7 Millionen Euro.

In den Jahren des Einstiegs von BlackRock und des Aufstiegs von Deutsche Wohnen wurden jährlich, etwa von 2017 bis 2020, um die 300 Millionen Euro an Dividenden ausgeschüttet. Ab 2021 sank der Wert auf zuletzt 16 Millionen Euro im Jahr 2023. Der Grund dafür ist, dass Deutsche Wohnen von Vonovia aufgekauft wurde.

Auch UBS, Goldman Sachs & Co. verstecken ihre Anleger

Auch andere Großaktionäre in Deutschland gehen wie BlackRock vor. Vanguard, State Street, Capital Group, Fidelity, Wellington, T Rowe Price & Co. sind mit BlackRock die größte und führende Aktionärsgruppe eben nicht nur in ihrem Herkunftsstaat USA, sondern auch in der EU und vor allem in Deutschland. Sie bedienen alle ihre anonymisierten Kunden ähnlich wie BlackRock. Die ähnlichen

Kapitalakteure wie Amundi aus Frankreich, Temasek aus Singapur und Norges aus Norwegen haben das US-Vorbild weitgehend übernommen. Nehmen wir wieder den Wohnungskonzern Vonovia: Nach BlackRock sind Goldman Sachs und UBS die nächstgrößten Aktionäre.

Goldman Sachs bei Vonovia

Die bekannte Wall-Street-Bank Goldman Sachs hat im Mai 2024 ihren Aktienanteil an Vonovia von 5,92 auf 3,45 Prozent herabgesetzt. Diese 3,45 Prozent haben einen Marktwert von 910 Millionen Euro.

Diese 910 Millionen Euro gehören den Anlegern, deren Kapital von Goldman Sachs verwaltet wird. Es handelt sich um mindestens 15 Anleger, deren Kapital auf 14 verschiedene Goldman-Sachs-Tochterfirmen verteilt ist. Die Zahl der Anleger bei Goldman Sachs ist wesentlich niedriger als bei BlackRock, weil die Bank nur Firmen als Anleger vertritt. Das Muster der Bildung dieser Tochterfirmen ist dasselbe wie bei BlackRock.[65]

Tochterfirmen von Goldman Sachs in den USA

GSAM Holdings LLC
Goldman Sachs Asset Management L. P.
Goldman Sachs Asset Management Holdings LLC
Goldman Sachs Bank USA
Goldman Sachs & Co. LLC
Goldman Sachs International

Tochterfirmen von Goldman Sachs in Großbritannien

Goldman Sachs Asset Management UK Holdings I Ltd.
Goldman Sachs Asset Management UK Holdings II Ltd.
Goldman Sachs UK LLC
Goldman Sachs Group UK Ltd.

65 Siehe die Stimmrechtsmitteilung von Goldman Sachs bei Vonovia vom 27. Mai 2024

Tochterfirmen von Goldman Sachs in den Niederlanden

Goldman Sachs Asset Management Holdings B. V.
Goldman Sachs Asset Management Holdings I B. V.
Goldman Sachs Asset Management Holdings II B. V.

Tochterfirma von Goldman Sachs in Deutschland

Goldman Sachs Bank Europe S. E.[66], Sitz am Börsenplatz Frankfurt/M.

UBS bei Vonovia

Auch die Union Bank of Switzerland (UBS), die größte Bank der Schweiz, gehört zu den zehn größten Aktionären von Vonovia. Sie hat zum gleichen Zeitpunkt wie BlackRock ihren Anteil verringert, von 3,44 auf 2,23 Prozent. Diese 580 Millionen Euro an Börsenwert hat UBS für 47 Anleger auf 20 von der UBS kontrollierte Tochterfirmen und auf eine Schweizer Bank verteilt.

UBS-Tochterfirmen in den USA

UBS Americas Holding LLC
UBS Americas Inc.
UBS Securities LLC
UBS Asset Management Americas LLC
UBS Financial Services Inc.

UBS-Tochterfirmen in Frankreich

UBS Holding France S. A.
UBS La Maison de Gestion

UBS-Tochterfirma in Singapur

UBS Asset Management Singapore Ltd.

66 S. E. ist die Abkürzung für »Societas Europea«, eine von der EU geschaffene Rechtsform für Unternehmen mit eingeschränkten Veröffentlichungspflichten und aufwendiger Prozedur für die Gründung eines Betriebsrats.

UBS-Tochterfirmen in Großbritannien

UBS Asset Management Holding Ltd.
UBS Asset Management Holding No. 2 Ltd.
UBS Asset Management UK Limited
UBS Asset Management Life Ltd.

UBS-Tochterfirma in Luxemburg

UBS Fund Management Luxembourg SA

UBS-Tochterfirma in Kanada

UBS Bank Canada

UBS-Tochterfirmen in der Schweiz

UBS Switzerland AG
UBS Asset Management Switzerland AG
UBS Fund Management Switzerland AG
Ebenfalls parkt UBS zwei Anleger in zwei Tochterfirmen der Schweizer Bank Crédit Suisse.

Mithilfe von insgesamt 32 Tochterfirmen verstecken also auch UBS und Goldman Sachs als Aktionäre von Vonovia eine unbekannte, ungenannte, gesichtslose Zahl an reichen Kapitalgebern, die von den hohen Mieten und hohen Nebenkosten bei Vonovia profitieren, mit klammheimlicher Freude, unsichtbar.

Steuerflucht nur für Großaktionäre

Mit DAX, MDAX, TecDAX, SDAX und weiteren Unternehmen ist BlackRock somit in etwa 200 der wichtigsten Unternehmen in Deutschland als Miteigentümer beteiligt.

Für seine unsichtbar, gesichts- und namenlos gemachten superreichen Kapitalgeber in diesen Unternehmen leistet BlackRock Beihilfe zur möglichen Steuerflucht.

Übrigens: BlackRock ist auch Aktionär bei Goldman Sachs und in der UBS.

Die Zahl der BlackRock-Kapitalgeber schwankt in den einzelnen DAX-Konzernen zwischen 150 und 220. Das ergibt hochgerechnet im DAX insgesamt eine Zahl von etwa 5.000 anonymisierten, versteckten, unsichtbaren Kapitalgebern.

Es kann natürlich sein, dass eine bestimmte Zahl der Anleger mit BlackRock-Hilfe gleichzeitig in mehreren Unternehmen in Deutschland präsent ist und gleichzeitig natürlich auch in Unternehmen in anderen Staaten. Durch die von BlackRock auch im MDAX, TecDAX und SDAX und in weiteren Unternehmen vertretenen Kapitalgeber dürfte deren Zahl weit über 10.000 liegen.

Wenn wir die ähnlichen Praktiken auch der anderen, mit BlackRock verbundenen Großaktionäre in diesen Unternehmen hinzunehmen, also von Vanguard, State Street, Capital Group, Temasek, Norges, UBS, Goldman Sachs – alle sind mit BlackRock zudem gegenseitig als Aktionäre verbunden –, dann erweitert sich die Zahl der geschützten Steuerflüchter auf vielleicht 30.000? 40.000?

Wie viele von ihnen in Deutschland steuerpflichtig sind und den deutschen Staat und die Mehrheit der Menschen in Deutschland verarmen lassen und welche anderen Staaten noch betroffen sind – auch das wird durch BlackRock & Co. unerkennbar gemacht.

BlackRock-Briefkasten-Praxis überall in der EU

BlackRock & Co. handeln so auch in eng an die USA angebundenen Staaten wie Kanada, Großbritannien und Australien sowie in den EU-Staaten. Hier gilt ebenfalls nach EU-Richtlinien ein Gesetz wie das Wertpapier-Handelsgesetz (WpHG). In Österreich heißt es Börsegesetz. Wir greifen ein Unternehmen in Österreich heraus, die Erste Group Bank mit Hauptsitz in Wien.

Die BlackRock-Stimmrechtsmitteilung der Erste Group Bank AG vom 4. März 2021 listet die auf Aktien basierenden Stimmrechte von BlackRock einschließlich der »Instrumente« auf. Die 4,15 Prozent Aktien verteilt BlackRock unter der Kontrolle seiner Obergesellschaft BlackRock Inc. auf folgende 39 Briefkasten-Tochterfirmen, die wir meist aus Deutschland schon kennen, allerdings in anderer Reihenfolge:

BlackRock Holdco 2 Inc.
BlackRock Financial Management Inc.
BlackRock International Holdings Inc.
BR Jersey International Holdings P. P.
BlackRock Australia Holdings Pty. Ltd.
BlackRock Investment Management Australia Ltd.
BlackRock Trident Merger LLC
BlackRock Investment Management LLC
BlackRock Singpore Holdco Pte. Ltd.
BlackRock HK Holdco Ltd.
BlackRock Asset Management North Asia Ltd.
BlackRock Lux Finco S. a. r. l.
BlackRock Japan Holdings GK
BlackRock Japan Co. Ltd.
BlackRock Singapore Ltd.
BlackRock Holdco 3 Ltd.
BlackRock Cayman 1 Ltd.
BlackRock Cayman West Bay Finco Ltd.
BlackRock Cayman West Bay IV Ltd.
BlackRock Group Ltd.
BlackRock Finance Europe Ltd.
BlackRock Investment Management UK Ltd.
BlackRock International Ltd.
BlackRock Netherlands B. V.
BlackRock Asset Management Deutschland AG
BlackRock Acvisors UK Ltd.
BlackRock Capital Holdings Inc.

BlackRock Advisors LLC
BlackRock Canada Holdings LP
BlackRock Canada Holdings ULC
BlackRock Asset Management Canada Ltd.
BlackRock Holdco 4 LLC
BlackRock Holdco 6 LLC
BlackRock Delaware Holdings Inc.
BlackRock Fund Advisors
BlackRock Institutional Trust Company
Amethyst Intermediate LLC
Aperio Holdings LLC
Aperio Group LLC

BlackRock in der Ukraine

Ähnliches gilt für die Ukraine, das korrupteste Staatsgebilde in Europa, wie die EU-Kommission mehrmals festgestellt hat. Dort ist BlackRock seit zwei Jahrzehnten als Großaktionär der hier führenden US-Konzerne präsent, etwa in der Produktion von Zigaretten für den Export bzw. Schmuggel (Philip Morris) und im Agrobusiness (John Deere, Monsanto/Bayer, Cargill).[67]

Ukrainische Oligarchen und Politiker haben mithilfe von US-Beratern inzwischen längst gelernt, ihren Reichtum vor der Bevölkerung mittels Briefkastenfirmen in Finanzoasen zu verstecken. Das gilt auch für den Aufstieg des Präsidenten Selenskyj und seiner superreichen Unterstützer, wie durch die Pandora-Papers aufgedeckt wurde.[68]

67 Werner Rügemer, »Ukraine – Extremes Muster neoliberaler Zurichtung«, in: Hannes Hofbauer (Hg.), *Kriegsfolgen. Wie der Krieg um die Ukraine die Welt verändert*, Wien 2023, S. 183-194

68 »Offshore-Geschäfte: Selenskyi und Kolomojskyi in den Pandora-Papers«, *Bundeszentrale für politische Bildung*, 19. Oktober 2021, in Verbindung mit *correctiv.org/faktencheck*, 20. Mai 2022

Kriegsprofiteur BlackRock: Koordinator für den »Wiederaufbau der Ukraine«

Nach einem halben Jahr Krieg wurde BlackRock 2022 offizieller Koordinator für den »Wiederaufbau« der Ukraine: Westliche Kapitalisten sollen neue Rüstungs- und Digitalfirmen gründen, Lizenzen für den Abbau von seltenen Erden, die Lithium enthalten, staatliche ukrainische Energie-Unternehmen und noch mehr fruchtbare Schwarzerde kaufen.

Die Ukraine ist vor allem durch den Hauptausrüster USA, aber auch durch die Kriegsfinanzierung und -ausrüstung seitens der EU-Staaten bereits der höchstverschuldete Staat der Erde. Durch den schon vor dem Krieg vom US-Kongress beschlossenen *Ukraine Democracy Defense Lend Lease Act of 2022* – da war BlackRock in der US-Regierung von Joe Biden/Kamala Harris mit drei Managern vertreten – ist die nicht rückzahlungsfähige Ukraine extrem erpressbar. Das freut BlackRock & Co.[69]

Warum sollte BlackRock gerade hier auf seine hochentwickelte Steuerfluchthilfe verzichten? Übrigens nach einem Krieg, der, wie der Wiederaufbau, umso profitabler ist (für BlackRock & Co., die Großaktionäre in den US-Rüstungs-, Energie-, Fracking-, Satelliten- und Digitalkonzernen), je mehr Soldaten dieses Landes auf dem Altar »der westlichen Werte« geopfert werden – diese Hunderttausenden Toten werden vor der westlichen Öffentlichkeit so unsichtbar gemacht wie BlackRocks Briefkästen.

69 Werner Rügemer, »US-›Ukraine-Hilfe‹ – Selbsthilfe für die USA«, *nachdenkseiten.de*, 20. Juni 2024

TEIL IV

Endlich die BlackRock-Kunden besteuern!

Die globale Steuerflucht ist systemisch-toxischer Teil des BlackRock-Kapitalismus. Dieser schädigt, bedroht und zerstört direkt und indirekt

- die Volkswirtschaft in den USA selbst, auch die in den mit den USA »befreundeten« Staaten etwa in der EU, besonders in Deutschland, auch in der Ukraine,
- die Umwelt, übrigens auch in der Ukraine,
- die Demokratie, ebenfalls auch in der Ukraine,
- die große Mehrheit der Bevölkerung, insbesondere Frauen in Arbeit und Rente,
- verletzt in den westlichen Staaten und weltweit – vor allem in der »Fabrik Asien« mit den mehreren Hundert Millionen – die Menschenrechte, im Bereich der Arbeits- und Sozialrechte sowie der Meinungsfreiheit,
- verletzt das Völkerrecht, treibt die Rüstungsproduktion, die Aufrüstung und den Waffenexport voran.

Und dieser BlackRock-Kapitalismus profitiert von Kriegen und bereitet – weil er an Legitimation abgestürzt ist – in den eigenen Bevölkerungen der US-geführten westlichen Staaten und weltweit im »Rest der Welt« und im bisher ausgebeuteten »globalen Süden« einen möglichen dritten Weltkrieg vor, mit dem Einsatz von Atomwaffen.

Die demokratischen Aktivitäten und Forderungen
Deshalb gehört zum Kampf gegen diese Gefahren: Beenden wir die von BlackRock & Co. organisierte Steuerflucht der unsichtbar gemachten, verantwortungslosen Superreichen! Wir machen diese Steuerflucht gegen das komplizenhafte Schweigen der Regierungen und Leitmedien zum öffentlichen Thema! Dazu reihen wir uns ein in die Initiativen, die es bereits gibt, national und international.

Die Parteien, die sich links nennen oder genannt werden, fordern die höhere Besteuerung der Superreichen:

- Die SPD fordert, mal wieder, in ihrem Programm für die Bundestagswahl 2025: 95 Prozent der Lohn- und Einkommenssteuer-Zahler müssen entlastet werden, dagegen sollen die »Topverdiener« höher besteuert werden. Erbschafts- und Schenkungssteuer sollen »reformiert« werden.
- Die Linke fordert: Die 2004 gestoppte Vermögenssteuer soll wieder erhoben werden.
- Das BSW fordert: Die 2005 eingeführte Besteuerung der gesetzlichen Renten soll bis zum monatlichen Betrag von 2.000 Euro abgeschafft werden.

Das wäre schon mal gut, aber überall fehlt die toxische Spitze: die BlackRock-Steuerflucht.

»Proud to pay more«

Seit Jahren wissen Multimillionäre und Multimilliardäre: Wir machen mit unseren Regierungen die Gesellschaft kaputt, das soll nicht so weitergehen, deshalb: Wir wollen besteuert werden!

- Der bekannteste US-Spekulant, Warren Buffett, sagte schon vor Jahren: »Mein Sekretär zahlt mehr Steuern als ich!« Und weiter: »Die Reichen sind definitiv unter-besteuert gegenüber der sonstigen Bevölkerung.« Buffetts Forderung: »Die Reichen sollen mehr Steuern zahlen!« Das gelte auch wegen der unendlich wachsenden Statsverschuldung und weil mehr Geld für Schulen, Gesundheit und Renten benötigt wird. Übrigens: BlackRock ist Aktionär bei Buffetts Unternehmen Berkshire Hathaway.[70]
- 260 Multimilliardäre und Multimillionäre aus den USA, Großbritannien, Frankreich, Brasilien, den Niederlanden, der Schweiz, Schweden, Irland und auch aus Deutschland haben die Initiative

70 Warren Buffett and Bill Gates agree that the rich should pay higher taxes, Guardian 26.2.2019

»Wir sind stolz, mehr Steuern zu zahlen« gegründet. Sie forderten 2024 das Weltwirtschaftsforum (WEF) auf, die Initiative zu übernehmen: Wir wollen mehr Steuern zahlen, denn der extreme Reichtum »ist eine Gefahr für die Demokratie«. Die höhere Besteuerung der Reichen soll die extreme Ungleichheit beenden; die Lebenskosten der arbeitenden Menschen (»working people«) verringern; Bildung, Gesundheit, Infrastruktur, Umweltschutz verbessern.[71]

– Neben »Proud to pay more« sind weitere Initiativen aktiv geworden: »Patriotic Millionaires«, »taxmenow«, »Tax the Rich!«, »Millionaires for Humanity«, »We move Europe«. Aus Deutschland ist etwa Marlene Engelhorn dabei, Erbin aus der Milliardärsfamilie des Pharmakonzerns Boehringer Ingelheim.

BlackRock-Manager gründet »Patriotic Millionaires«

BlackRock erhielt 2013 von der Europäischen Kommission, der Weltbank und der EZB den Auftrag: Das überschuldete Griechenland sanieren! Die Banken retten! Staatsunternehmen verkaufen! Löhne senken!

Einer vom BlackRock-Team vor Ort war Morris Pearls. »Aus unserem Büro in Athen sah ich die vielen Demonstranten unten auf der Straße. Diese Griechen waren verzweifelt. Und neben mir im Büro sah ich die wohlgenährten Banker. Ich dachte: Verdammt noch mal, was tun wir hier für dieses Land!?« Ein paar Monate später verließ er BlackRock und gründete »Partriotic Millionaires«. Inzwischen sind 250 US-Millionäre dabei. Sie gehen sogar, entgegen den Gewohnheiten dieses Milieus, politisch an die Öffentlichkeit: So demonstrierten die »Partriotic Millionaires«, zu denen unter anderem die Disney-Erbin Abigail Disney gehörte, mit ihrem »Tax the Rich!«-Transparent am 28. April 2023 vor dem Capitol in Washington.

71 proudtopaymore.org

Aber die Widerstände im eigenen Milieu sind stärker. BlackRock und der sonst so plapperige Chef Fink mit seinem ständig heruntergebeteten Werte-Kanon ESG – »Umwelt, Soziales, gutes Regieren« – ist nirgends dabei, er muss und will seinen unsichtbaren superreichen Kunden möglichst hohe Gewinne verschaffen und natürlich auch sich selbst. Nicht zufällig wurde er in diesem Gechäft selbst auch Mehrfach-Milliardär.

G20, BRICS: Biden und Scholz als Bremser

Patriotic Millionaires & Co. haben sich mit ihren Forderungen auch an die G20-Treffen gewandt, 2023 in Indien,[72] dann wieder 2024 in Brasilien. Aber vor allem die Regierungen der USA und Deutschlands bremsten. In Indien kam gar nichts zustande. In Brasilien, auch wegen des Regierungschefs Lula da Silva, der auf eine Milliardärssteuer drängte, wurde wenigstens darüber diskutiert. Heraus kam der kleinste Nenner: »Reiche« ohne jegliche genauere Definition sollen mehr besteuert werden, ohne jegliche Angabe etwa über die Höhe der Steuern.

BRICS und die nationalen Zivilgesellschaften

Deshalb müssen die BRICS erst mal allein vorgehen. Und auch diese staatlichen Ebenen reichen heute nicht aus. Nötig und möglich sind Volksbewegungen, national und global, in allen Bereichen der Betroffenheit von Staatsarmut und De-Industrialisierung: abhängig Beschäftigte, Rentner, Mieter, Lehrer und Eltern in Schulen, Ärzte und Pfleger in den Krankenhäusern und Altenheimen, mit Unterstützung der Angehörigen.[73]

72 »G20 must forge agreement to increase tax on rich«, in: *Guardian*, 5. September 2023

73 Regelmäßige Berichte über die Breite der Widerstandsbewegungen in Deutschland und in Europa: Soziale Politik & Demokratie, zweiwöchentlich, Berlin, *www.sozialepolitikunddemokratie.de*

BlackRock Asset Management Deutschland AG muss die Namen der Anleger und Berechtigten der im DAX, MDAX, TecDAX, SDAX und den weiteren Unternehmen vertretenen Aktien veröffentlichen!

Das müssen auch die mit BlackRock verbundenen Kapitalorganisatoren tun, also Vanguard, State Street, Capital Group, Norges, Temasek.

BlackRock ist seit 1994 in Deutschland aktiv, hat jahrelang bezahlte Lobbyisten wie Friedrich Merz eingesetzt, hat spätestens seit 2018 nicht öffentliche Treffen zum Beispiel mit CDU-Wirtschaftsminister Altmaier und SPD-Finanzminister Scholz geführt, auch mit BlackRock-Chef Laurence Fink[74] – aber BlackRock ist erst seit dem 14. März 2022 im Lobbyregister des Bundestages eingetragen: Die vorherigen Lobby-Aktivitäten seit 1994 müssen rekonstruiert werden.

BlackRock muss von dem »Wiederaufbau« der Ukraine ausgeschlossen werden.

Die EU muss eine Richtlinie beschließen: Das Verstecken des privaten Reichtums zur möglichen Steuerflucht muss verboten werden! Zuwiderhandlungen müssen mit hohen Strafen belegt werden.

Die EU muss die von BlackRock & Co. genutzten Finanzoasen in die »Schwarze Liste« aufnehmen!

Die EU-Mitgliedsstaaten Luxemburg, Niederlande und Irland müssen alle Finanzoasen-Dienstleistungen einschließlich der Beihilfe zur Steuerflucht beenden.

Private Rentenanlagen mit Finanzprodukten wie ETFs von BlackRock & Co. dürfen staatlich und steuerlich nicht gefördert werden – solange die superreichen BlackRock-Kunden sich der Steuer entziehen können!

74 Antwort der Bundesregierung auf die Kleine Anfrage der Fraktion Die Linke, Bundestags-Drucksache 19/18436 vom 27.3.2020